EXPOSÉ

De Législation

sur

LES FAILLITES

et

LES BANQUEROUTES.

BORDEAUX,
Imprimerie de LAVIGNE JEUNE,
FOSSÉS DE L'INTENDANCE, 15.

1838.

EXPOSÉ

DE LÉGISLATION

sur

LES FAILLITES

ET

LES BANQUEROUTES.

PAR

M. P. COQ,

AVOCAT A LA COUR ROYALE DE BORDEAUX.

AVANT-PROPOS.

'AUTEUR de ce court exposé de Législation ne se dissimule pas tout ce qu'un pareil examen a d'incomplet. Le livre des *faillites et des banqueroutes* pourrait fournir matière à plus d'un volume intéressant. Son but, en réunissant sous forme de brochure les Lettres adressées par la voie du *Mémorial Bordelais* à la Députation de la Gironde, est seulement de faciliter la lecture, et par suite l'appréciation d'un travail conçu dans des vues d'utilité générale.

Dominé par les exigences de l'actualité, l'on a dû se borner à mettre en relief les faits qui doivent former point de départ dans la réforme projetée de cette partie importante de notre Législation commerciale. Les principes déterminés au moyen d'un examen attentif de l'ancien ordre de choses et des faits contemporains, l'indication des moyens d'exécution, est chose secondaire et facile. L'œuvre de détail est la suite naturelle d'un principe nettement posé et mis sous son vrai jour. — Tout vice d'exécution atteste bien moins les difficultés du sujet que l'absence de vues générales.

A Messieurs les Membres

De la Députation de la Gironde.

MESSIEURS LES DÉPUTÉS,

Il est un terrain neutre, en quelque sorte, sur lequel tout le monde se rencontre avec un égal désir du bien, sans acception de couleur ou d'esprit de parti : tel est celui où s'agitent les questions d'ordre et d'utilité générale, au sort desquelles chacun est également intéressé. — C'est à cette classe qu'appartient la question de réforme commerciale dont la Chambre est saisie à l'occasion des faillites. — L'examen scrupuleux auquel je me suis livré sur ce point important, le soin que j'ai pris d'éprouver la justesse de mes vues par des renseignemens demandés au commerce de notre cité et de plusieurs places, telles que Nantes, Toulouse et Marseille, m'ont porté à publier le résultat de mes recherches. Je ne pouvais mieux faire, Messieurs, que d'en placer l'exposé sous vos yeux, convaincu que s'il se recommande par des vues d'amélioration sérieuse, il aura acquis des droits à vos sympathies et à votre loyal concours.

Agréez, Messieurs les Députés, l'expression de mes civilités.

P. COQ,

Avocat à la Cour royale de Bordeaux.

EXPOSÉ

DE

LÉGISLATION

SUR

Les Faillites et les Banqueroutes. [1]

CHAPITRE I.er

DU COMMERCE CONSIDÉRÉ DANS SES RAPPORTS AVEC L'INSTITUTION JUDICIAIRE ET LE CRÉDIT PUBLIC. — LÉGISLATION ANCIENNE SUR LES FAILLITES ET BANQUEROUTES.

La prospérité du commerce, son extension, ses embarras, ont excité chez nous, à toutes les époques, un vif intérêt; aussi voit-on la civilisation moderne en suivre les fluctuations avec une sollicitude qui semble augmenter sans cesse. Ce fait a sa source, aujourd'hui surtout, dans une saine

(1) Les plaintes de plus en plus vives qu'a excitées dans ces derniers temps la loi qui régit les faillites m'ont engagé à porter sur cette matière un examen attentif. Dans ce but, j'ai dû étudier la législation ancienne, ses motifs, et, descendant par l'histoire à l'appréciation du code en vigueur, j'ai recherché jusqu'à quel point cette partie de notre droit commercial peut cadrer avec les besoins actuels de l'industrie et de l'ordre en général. La présentation toute récente de la nouvelle loi sur les faillites, est venue me surprendre au moment où ce travail touchait à sa fin. Je n'ai pas cru toutefois devoir m'arrêter, mon but étant uniquement d'exposer quelques principes sur une matière peu suivie et où

appréciation de tout ce qui peut mener loin une société avancée. — Le commerce, c'est la vie au sein des états (a); par lui s'étend, en même temps qu'il se fortifie, le lien de l'association, destinée, on le sait, à développer tous les modes de l'activité humaine. Le commerce, c'est la relation infinie, c'est-à-dire l'homme touchant à tous et à tout, et se complétant par suite. C'est par cette voie, qui s'élargit incessamment, que la plupart des peuples sont montés aux plus hautes destinées (1). Dire que l'avenir d'une société est attaché à son développement, c'est donner l'explication des sympathies qu'excite la bonne ou la mauvaise fortune du commerce.

L'admirable mobilité qui caractérise l'esprit français ne pouvait manquer de donner tort aux traditions féodales qui, réputant exclusivement nobles les habitudes guerrières et les loisirs du manoir seigneurial, avaient mis le travail des mains et par suite le commerce au nombre des marques de dépendance et d'indignité. C'est aux exigences de cette mobilité nationale que cédait Louis XIV, lorsqu'après avoir, par l'ordonnance de 1669, permis à la noblesse du royaume de faire, *sans déroger, le commerce de la mer*, il étendit, en 1701, les termes de cet édit au *commerce en gros*.

L'intérêt que les chefs de la société française ont paru porter au commerce depuis Charles IX, qui peut être regardé comme l'instituteur de la juridiction consulaire (b) jusqu'à nos jours, a constamment eu deux objets en vue : faciliter la marche des affaires, ajouter à leur nombre, à leur importance en les dégageant des entraves judiciaires faites pour en gêner le cours, et d'autre part développer le crédit commercial, en purgeant le négoce des mauvaises affaires et des spéculations malhabiles. C'est vers ce double but que marchèrent les ordonnances de 1563, 1565, et les fameux édits de Louis XIV, édits au premier rang desquels il faut placer l'ordonnance de 1673, qui réglait le fait des faillites et banqueroutes. A côté des prévôts des marchands, et des *Conservateurs* des foires du

---

l'on remarque une grande incertitude. La loi proposée semble du reste destinée à subir d'importantes modifications.

L'examen dont j'ai cru pouvoir publier les résultats porte sur trois points ; il embrasse : 1.º la législation ancienne, les faits qui la motivèrent, l'application qu'elle reçut ; 2.º la loi en vigueur considérée dans son esprit et dans son application ; 3.º un exposé des principes, des vues et de la plupart des moyens d'exécution qui me semblent devoir se rattacher à cet objet important.

(1) Sans parler des villes qui, dans l'antiquité, ont surtout fleuri par le commerce, il suffit de rappeler l'importance de Venise, de Gênes, de Pise, de Florence, au moyen-âge ; celle des villes anséatiques qui, libres, faisaient partie de la ligue du Nord.

royaume, *juges-jurés* (1) de tout débat pour fait de commerce, vint se placer, pour l'équitable et prompte expédition des affaires litigieuses, la juridiction plus régulièrement organisée des juges et consuls, juridiction qui eut à combattre long-temps les prétentions rivales de la justice ordinaire et des cours de parlement (2). Plusieurs déclarations royales intervinrent au milieu de ce conflit ; car les anciennes ordonnances ont cela de remarquable, qu'elles tendent sincèrement à la bonne administration de la justice (*d*). Aux juges et consuls, la loi de 1790 substitua l'institution des tribunaux de commerce, dont les attributions furent étendues et par faitement réglées.

Pour ce qui est du second objet de la loi commerciale, objet qui comprend *les faillites et banqueroutes*, et qui seul doit nous occuper, ce n'est qu'avec une extrême réserve qu'il était permis au législateur de l'aborder. C'est chose délicate, en effet, que la solution d'un problème qui consiste à protéger le commerce contre le trouble, contre le discrédit que porte dans les affaires l'insolvabilité née du désordre, de l'incapacité, souvent même de la fraude du débiteur, sans que cette protection puisse alarmer l'industrie par suite du peu de compte qui est fait des droits du malheur, effroi qui paralyserait tout essor. C'est en vue de ces deux considérations que doit être conçue toute loi sur les faillites, et que furent successivement élaborées l'ordonnance de 1673 et la loi actuellement en vigueur. Fonder le crédit commercial, tel est le but vers lequel tendaient, par des moyens différens, ces deux législations. J'ajouterai qu'en 1807 comme en 1673, les hommes qui furent appelés à régler cette matière importante ont pris pour point de départ cette pensée, plus haut exprimée, que le commerce se lie étroitement à la prospérité des états, et que tout ce qui influe sur sa destinée touche à l'ordre public et intéresse par cela même le gouvernement de la société (*e*). C'est ce qui explique l'extrême scrupule, le soin excessif qui furent apportés dans la rédaction du code de commerce, et en particulier du livre des faillites, attention, soin consciencieux dont les hommes qui travaillèrent sous Colbert avaient donné les premiers l'exemple. — Pour comprendre ce qui se passe aujourd'hui, il

---

(1) Je me sers à dessein de ce mot, la juridiction commerciale, *juridiction modèle*, faisant comme le jury une véritable et saine acception du fait et du droit; du *fait* surtout, ce qui est seul conforme au but que se proposent la loi et la justice.

(2) Voir l'édit de juillet 1669 qui, reconnaissant que l'institution des *Conservateurs* des foires a servi d'*exemple* à celle des juges et consuls, abolit la première et l'*incorpore* à celle-ci, disposant du reste clairement pour faire cesser tous conflits d'attribution (*c*).

convient d'interroger le passé, afin de tirer des conséquences de l'état d'affinité dans lequel sont entre elles des époques qui se succèdent.

Après avoir proclamé, ainsi qu'on vient de le voir, que le commerce est *la source de l'abondance publique*, le législateur de 1673 déclare *qu'il s'est cru obligé* de pourvoir à la durée des *établissemens commerciaux par des réglemens capables d'assurer parmi les négocians la bonne foi contre la fraude* ; en conséquence, et comme moyen de fonder le crédit en assurant en quelque sorte l'intervention exclusive des gens capables de commercer, l'article 3 de cet édit dispose expressément : « Aucun ne sera » reçu marchand qu'il n'ait vingt ans accomplis et ne rapporte les certifi- » cats et les brevets d'apprentissage et du service fait depuis ». L'article 4 veut que l'aspirant soit *interrogé sur les livres à partie double et à partie simple, sur les lettres de change, les règles d'arithmétique* et les mesures usuelles, etc.

Pour peu qu'on ait égard à la différence des temps et à cette circonstance, que l'industrie touchant à son berceau l'on pouvait en régler la marche avec une certaine précision, sans avoir à craindre d'en gêner l'essor, l'on reconnaîtra que des dispositions conçues dans un tel esprit d'ordre et de moralité témoignent de la sollicitude et du vif intérêt qu'inspirait le commerce à cette époque. A ces sages dispositions viennent se joindre celles qui veulent que les livres de commerce soient *visés et paraphés* par les consuls. — Obligation imposée à tout failli de dresser un *état* de sa situation active et passive, de le déposer avec les livres visés et paraphés à peine de mise en prévention de banqueroute frauduleuse ; — nullité déclarée de tous actes et transports faits, en fraude des créanciers, par le failli ; — peines de mort et des galères contre les banqueroutiers frauduleux, leurs fauteurs et complices (*f*), telles sont en résumé les dispositions qui, dans le droit ancien, prouvent que ce n'est pas de notre époque que datent les fraudes et les actes simulés en matière d'insolvabilité commerciale publiquement constatée.

Malgré ces dispositions, le commerce, en butte aux plus déplorables abus de confiance, fit entendre de vives plaintes, ainsi que l'attestent le langage des parlemens et les déclarations qui suivirent l'ordonnance de 1673. Rien n'est plus explicite, sur ce point, que la déclaration de 1739, qui transporte aux juges et consuls l'examen et la connaissance des *bilans*, titrés des créances, et qui veut que les affirmations des créanciers soient faites devant cette juridiction. Voici en quels termes débute cet acte de l'époque :

« Louis, etc. — *Les abus et les fraudes* qui se sont introduits depuis quelques années *dans les bilans des négocians*, banquiers et autres qui ont fait faillite, *ayant causé dans le commerce un dérangement notable*, nous avons cru devoir chercher l'origine de ce *désordre*, pour en arrêter les progrès, soit de la part du créancier, *souvent simulé*, soit de la part du débiteur, lequel, par des manœuvres aussi odieuses que criminelles, force les vrais créanciers *à signer et accepter des propositions injustes...* »

C'est ainsi qu'à un siècle d'intervalle il existe une complète identité de plaintes et de manifestations. — Les recueils de jurisprudence fournissent, au surplus, de nombreux exemples de condamnations rigoureuses portées contre les banqueroutiers frauduleux. En général, les coupables étaient condamnés à faire amende honorable, *tête et pieds nus*, la corde au cou, en chemise, et cela fait, ils étaient conduits en galères pour y servir, portait l'arrêt, *le Roi à perpétuité comme forçats.* — Entr'autres faits, il est question, dans un des derniers arrêts du parlement de Paris, d'un sieur Jean Therrot, lequel avait conçu et exécuté le projet d'une *banqueroute lucrative* (1). Par sentence confirmée au parlement, en juillet 1782, ce commerçant fut condamné au carcan et au banissement pour trois ans. — Le 23 décembre de la même année, un arrêt de la cour des aides de Paris condamna Jean-Nicolas Baremme de Gremille, ci-devant *receveur-général* en Bourbonais, au fouet, à la marque et aux galères pour neuf ans, par suite de banqueroute frauduleuse.

A cette sévérité dans l'application impartiale de la loi, sévérité qui témoigne de la vivacité du mal, il faut ajouter, suivant que l'indiquent les auteurs qui ont écrit sur le titre des faillites, qu'en France, et à l'exemple de ce qui se pratiquait à Rome, les faillis admis au bénéfice de cession de biens étaient astreints à porter un bonnet vert, comme marque de déshonneur. — « L'usage du bonnet vert, dit Boulay-Paty, s'est maintenu chez nous jusqu'en 1706, ainsi que l'atteste un arrêt du parlement de Bordeaux, rapporté à cette date ».

Pour juger maintenant jusqu'à quel point les moyens de répression adoptés avaient influé sur le scandale auquel on voulait remédier par ces mesures rigoureuses, il suffit de lire les discours prononcés en 1807, lors de la longue et savante discussion du livre des faillites. Les révélations intéressantes auxquelles donna lieu, au conseil d'état, la loi proposée ; les motifs, les sujets de plainte et de défiance qui furent de part et d'autre articulés, forment un tableau qui présente les faits de cette époque

---

(1) Les choses n'ont fait que changer de face : la banqueroute *lucrative* est fort usitée. Seulement le débiteur, évitant la honte d'une déclaration publique d'insolvabilité, en est venu à faire complétement la loi à ses créanciers. C'est ce qu'on appelle faire *un arrangement.* — De fait, le débiteur arrange fort ses affaires par ce moyen ; dans ces faillites *lucratives* tout est bénéfice, en ce sens que le débiteur conserve ensemble le profit et l'honneur.

sous leur véritable aspect, et qui fournit matière à dès rapprochemens remplis d'intérêt. — Ce sera l'objet d'un exposé qui me conduira à l'appréciation de la législation existante, considérée sous le rapport de son utilité publique et privée.

CHAPITRE II.

TABLEAU DE L'ANCIEN ORDRE DE CHOSES DEPUIS L'ORDONNANCE DE 1673 JUSQU'EN 1807, ÉPOQUE DE LA DISCUSSION DU CODE DE COMMERCE.

Pour juger du degré d'influence qu'exerça l'ancien ordre de légalité sur le fait désastreux des faillites et banqueroutes, il suffit, avons-nous dit dans notre précédent exposé, de lire quelques-uns des discours auxquels donna lieu, au conseil d'état et au corps législatif, la loi proposée. Voici en quels termes M. de Ségur développait, dans la séance du 3 septembre, les principaux motifs du projet adopté par le conseil d'état ; ce tableau semble, nous le répétons, emprunté à la situation actuelle ; l'on s'aperçoit seulement que c'est l'homme du despotisme impérial qui s'est chargé de caractériser notre première révolution :

« Pour remédier aux désordres qui, depuis quelques années, ont *si scandaleusement flétri le commerce* en France, il fallait d'abord en reconnaître les véritables causes. Il en existe deux principales : la première, c'est la révolution qui, par son mouvement violent, bouleversant les hommes, les fortunes, les classes ; offrant aux espérances comme aux craintes les plus déréglées des chances sans bornes et des abîmes sans fonds ; mettant à la place de l'argent un papier dont le cours forcé et la chute rapide ne laissait à rien de valeur fixe et de crédit réel à personne, a ouvert un champ libre aux calculs de l'avidité et aux spéculations de la mauvaise foi.

» Les faillites, loin d'être *un sujet de honte,* étaient devenues un moyen de fortune dont on prenait à peine *le soin de déguiser la source ;* et si ces nombreuses banqueroutes n'étaient pas toujours l'ouvrage de la fraude, elles étaient au moins celui de l'ignorance, parce que tout le mond evouliat faire le commerce, sans rien savoir de ce qu'exige cette profession.....

» Les transactions se faisaient sans aucune *surveillance de l'autorité publique ;* elle ne se montrait que pour sanctionner des traités surpris par la mauvaise foi, *ou arrachés au découragement.*

» Les syndics, choisis dans les premiers momens de la faillite, quelquefois par des créanciers supposés, souvent par des amis ou parens du failli, presque toujours par un petit nombre de créanciers présens *qu'on désintéressait aux dépens des absens*, déguisaient les malversations du failli , *la vraie situation de la faillite*, et forçaient les créanciers découragés à des traités désastreux , dont l'effet était d'ôter au banqueroutier *la honte*, à ses victimes les trois quarts de leur propriété. » — On pourrait demander ce qu'il y a de changé. — Continuons :

« Le traité n'avait-il pas lieu par la résistance de quelques créanciers *indignés ?* l'Union se formait ; mais les liquidations étaient livrées à des hommes qui trouvaient leur intérêt à les éterniser. Aucune autorité ne les surveillait , et les créanciers , *fatigués par des lenteurs interminables* , finissaient par renoncer à un espoir qu'aucune répartition ne soutenait ».

Durant le cours de la discussion au conseil-d'état , MM. Berlier , Treilhard , Merlin , et le rapporteur de la section de rédaction , M. Cretet , avaient caractérisé sans ménagement les désordres de l'époque ; ils avaient signalé les causes du mal qui allait empirant , et s'étaient successivement livrés sur la matière des faillites à des recherches, à des appréciations dictées par l'amour sincère du bien public.

« La cause la plus ordinaire des faillites , disait Treilhard , se trouve dans cette avidité insatiable qui a fait de si funestes progrès ; dans l'opinion fausse que pour obtenir un *grand crédit* il faut faire *une grande dépense ;* dans une mauvaise direction de l'esprit public qui , mettant les richesses au-dessus de tout, prodigue la considération à des *fripons opulens* et jette à peine un regard sur la probité modeste ».

Le même orateur fait observer que la législation ancienne a pourvu à tout ; — « mais, ajoute-t-il presque aussitôt , dans l'état actuel , les syndics des créanciers peuvent , dit-on , ne pas faire leur devoir. — Qu'on prenne des précautions pour les y réduire.— On craint les pactions clandestines ? qu'on donne la plus grande publicité possible aux actes de la procédure. — On se plaint que les faillis coupables ne sont pas punis ; la plainte est fondée , et nous avons vu des *absolutions scandaleuses.—* Qu'on livre les accusés à des tribunaux spéciaux (1) ; qu'il y ait présomption de fraude toutes les fois que leurs registres ne se trouveront pas en règle ».

M. Treilhard indique en conséquence le *visa* et le *paraphe* du juge-

---

(1) Par ce mot l'orateur entendait indiquer seulement l'attribution aux tribunaux correctionnels du fait de banqueroute simple , fait que la loi pénale de 1791 ne définissait pas. Cette loi ne s'occupait , dans les art. 30 et 31 du titre II , que du cas de *banqueroute frauduleuse*, dont elle rendait juges les cours criminelles , jugeant avec le jury ; c'est cet état de choses que vint confirmer le code d'instruction criminelle du 3 brumaire an IV (1795), qui avait force de loi au moment où parlait Treilhard.

consulaire comme un moyen d'empêcher *qu'on ne fabrique à la hâte de nouveaux livres* (1) au moment de se déclarer en faillite.

Dans la séance du 28 février , M. de Ségur , déjà cité , fait le tableau suivant de la manière dont les choses se passent ; cet exposé mettait la matière sous son vrai jour :

« Pour l'ordinaire , disait ce conseiller d'état , le failli s'absente ; ses affaires demeurent entre les mains de quelques commis attachés à ses intérêts. Un homme de loi est chargé de son mandat ; l'on assemble à la hâte , et sans examen sérieux , les individus présens qui se prétendent créanciers. Les absens ne sont pas appelés. Ces prétendus créanciers présens nomment celui qui s'agite le plus , et c'est cette assemblée , *aussi légèrement composée* , c'est l'homme *non moins légèrement choisi* par elle , qui seuls veillent pour la masse. — Ainsi le bilan , l'inventaire , les éclaircissemens , la *totalité* des affaires tombent dans les mains du premier *qui veut s'en emparer.* — Là est le principe du mal.

» L'on reproche à la section , ajoute en terminant M. de Ségur , trop de sévérité : *l'excès du mal* l'exige , l'opinion l'invoque. L'on ne doit pas oublier qu'on avait originairement proposé des mesures bien plus rigoureuses , dont la première était de considérer tout négociant failli comme présumé coupable du *crime* de banqueroute. »

« Dans la vérité des choses , disait M. Cretet , dès qu'il y a faillite , les biens du failli appartiennent à ses créanciers , et cependant le failli les gardait (2) ; il appelait ou n'appelait pas ses créanciers : s'il ne les appelait pas , les poursuites qu'on exerçait contre lui étaient *vaines ;* il avait eu le temps de mettre son actif à *couvert.* S'il les appelait , c'était pres-

---

(1) Il n'est personne qui ne sache que le fait de la fabrication de livres appropriés aux besoins du moment , est une circonstance qui , plus que jamais , a cours et valeur ; c'est , du reste , un cas insaisissable , si je puis dire , en ce sens que le fait est de notoriété générale , sans qu'il soit possible de le constater régulièrement. Il y avait un moyen bien simple de ne pas rester placé sous le poids d'un tel inconvénient ; il semble même que la loi y eût clairement pourvu , ainsi que je l'indiquerai , en faisant ressortir les côtés défectueux qu'elle présente. — Pour ce qui est des *absolutions scandaleuses* , c'est la faute du législateur s'il en existe : Les lois suivent les mœurs , cela est vrai ; mais les mœurs , à leur tour , sont la conséquence des lois , ainsi que j'aurai soin de l'établir nettement.

(2) On pourrait demander si le négociant réduit à un état d'insolvabilité positive et qui ajourne indéfiniment sa déclaration au greffe , ne détient pas , ne manipule pas l'avoir de ses créanciers. Cette fortune n'a-t-elle donc pas cessé d'être *sienne* le jour où il ne peut plus payer intégralement ses dettes ? — Et c'est là cependant ce que l'on méconnaît tous les jours.

que toujours dans son *intérêt* et pour obtenir *des remises* ; il les appelait même *aussi tard qu'il voulait* , car on ne tenait pas rigoureusement la main à l'exécution de l'ordonnance qui prescrivait le dépôt du bilan ».

Avec de tels points de comparaison , nous croyons inutile de pousser plus loin l'examen de l'ordre de choses qui précéda la discussion du livre des faillites. Nous terminerons en signalant une circonstance qui doit ajouter à la force de cet exposé. Dans la séance du 24 février 1807 , le rapporteur de la section , M. Cretet, n'hésita pas à déclarer , en termes clairs et explicites, *que la nécessité d'établir de nouvelles dispositions contre les faillites avait été en quelque sorte le principal des motifs qui avaient déterminé à rédiger un code de commerce* (1). — L'ancien ordre de choses a, comme on voit, sa part d'influence dans ce qui se passe actuellement.

Ce point constaté, et le passé suffisamment apprécié sous les deux rapports de la législation et des faits qui suivirent, il convient de se placer, pour ce qui concerne le nouvel ordre de choses , au même point de vue , et de suivre dans leurs développemens le fait et le droit.

CHAPITRE III.

DISCUSSION DU LIVRE DES FAILLITES ET BANQUEROUTES. — ANALYSE DES MOTIFS ET DES OPINIONS QUI FURENT SUCCESSIVEMENT DISCUTÉS EN CONSEIL D'ÉTAT A CETTE OCCASION.

Il règne , dans le langage des orateurs du conseil qui furent appelés à rédiger le livre des faillites , une telle élévation de pensée , il perce dans tous les discours des Treilhard , des Berlier, une si chaleureuse indignation , un tel amour du bien, qu'on ne peut se défendre, en jetant les yeux sur ces débats animés , d'un sentiment d'estime et d'admiration. On sent que la pensée du maître est entrée dans ces têtes puissantes , et que sa vertueuse indignation s'est communiquée à ces âmes si bien faites pour comprendre une grande volonté. Le peu que nous avons emprunté à ces mémorables discussions suffirait , nous le croyons, pour justifier le jugement que nous avons porté touchant le soin , les scrupules conscien-

---

(1) Procès-verb. du Conseil-d'état. — Locré , tom. 19.

cieux, la moralité, dois-je dire, qui présida à ce travail (1). Qu'on se fi-
gure une matière comprenant moins de deux cents articles, et qui, pendant plusieurs mois, fixe l'attention d'un conseil où brillaient, ainsi
qu'on a pu le voir, les Berlier, les Treilhard, les Jaubert, les Merlin, et
qui, en l'absence de Napoléon, recevait du prince archi-chancelier la
plus vive, la plus savante impulsion. Ainsi, et pendant ces séances si
attachantes, l'on vit le chapitre relatif aux agens de la faillite, au juge-
commissaire, donner lieu à la présentation successive, à la discussion
lente et chaleureuse de trois projets de rédaction. C'était d'abord la proposition portant création de *curateurs* aux faillites qui, longuement examinée, fut repoussée; puis, vint le tour des *séquestres*, lesquels finirent
par céder la place aux *agens* procédant sous la surveillance du juge-
commissaire, création dont l'idée appartient à M. Jaubert. — Quand vint
le tour de l'action et des droits des divers créanciers, ce furent des hésitations, des considérations de l'ordre le plus élevé; au système de la *sépa-
ration des masses*, ou division des créanciers chirographaires et hypo-
thécaires en deux catégories, à chacune desquelles était exclusivement
attribuée cette portion de l'actif de la faillite que semble affecter plus
spécialement telle ou telle nature de créance, est substitué après de longs
débats le système, beaucoup plus juste, aujourd'hui en vigueur. — Le cas
de la *réhabilitation* ne se trouve réglé qu'après avoir été l'objet de trois
projets de rédaction. — Les sections relatives aux droits *des femmes*, au
concordat; les chapitres touchant les faits de banqueroute *simple* et de
banqueroute *frauduleuse*, sont l'objet d'un long examen, et les projets pré-
sentés subissent de notables changemens. — Le conseil-d'état ne votait
guère les amendemens à l'improviste et sans en peser la valeur.

Enfin, le conseil semble concentrer, en terminant, toute sa puissance
d'examen sur le titre relatif à la *revendication*. Le résultat de plusieurs
séances est la consécration de la revendication comme une chose juste en
principe. MM. Bérenger et Berlier se prononcent en vain, par les plus
sages motifs, pour le rejet absolu, en matière de ventes commerciales,

(1) C'est un fait que nous nous estimons heureux de pouvoir proclamer,
d'accord en ce point, comme en beaucoup d'autres, avec le *Mémoire*, que le
commerce de Toulouse adresse à la Chambre des députés touchant les réformes
à opérer dans le régime des faillites et banqueroutes. Rarement on vit dans un
assemblage destiné à donner des lois à un pays, le soin, le travail, l'amour
du bien, unis chez le législateur à tant de savoir et d'aptitude. — Dans son
Mémoire aux Chambres, le commerce de Toulouse émet des vues dont l'expérience fait reconnaître la justesse et auxquelles il convient de prêter une sérieuse
attention. — Nous aurons occasion, dans le cours de cet exposé, de revenir sur
cette intéressante publication.

de toute revendication ; la majorité en décide autrement. L'économie du projet subit toutefois d'importantes modifications.

Ce premier degré d'examen parcouru, le livre des faillites est soumis à l'appréciation des sections réunies de l'intérieur et de législation dans le Tribunat. Les sections font, sur la rédaction formulée, des observations pleines de justesse et auxquelles le conseil adhéra presque complétement. Le titre de la revendication soulève de nouvelles difficultés, et le rapporteur du conseil, M. Cretet, est amené à conférer longuement avec les sections. Ces conférences provoquent le changement, je pourrais dire le renversement du principe adopté en conseil d'état. — L'esprit d'examen fut-il jamais poussé plus loin ?

Et cependant une chose restait à faire : un dernier jugement devait être porté avant que les dispositions votées pussent faire loi. Cet examen, ces discussions sans fin, ces débats si lumineux, tout cela avait eu lieu, tout cela s'était fait en l'absence du maître : or le maître, c'était le législateur qui avait bien pu se reposer jusqu'à un certain point sur des hommes pleins de science et de capacité du soin de formuler sa pensée ; mais, et avant tout, c'était l'homme qui n'avait départi à personne ce rapide coup-d'œil, cette prescience qui sont le propre du génie, et qui ne se délèguent pas. — Au retour de sa campagne contre la coalition russoprussienne, Napoléon fait en quelque sorte comparaître à sa barre le travail des Cambacérès, des Treilhard, des Jaubert et du Tribunat ; là, devant cet homme accoutumé à mettre le sceau de son génie à tous les enfantemens de l'époque, la législation dressée avec tant de soin subit d'importantes modifications. — *Il faut* que le failli soit en prévention de délit : il sera provisoirement détenu. Qu'on prenne des mesures, disait le premier soldat-législateur des temps modernes, et nous pourrions dire de l'antiquité, qui, *sans nuire aux créanciers*, sans frapper d'une condamnation un failli avant qu'il ait pu se justifier, le mettent cependant *dans un état d'humiliation conforme à la situation de sa fortune.* — Paroles pleines de sens, et qui auraient dû faire *sérieusement* loi. — La prison, ne dût-elle durer qu'une heure, ajoutait-il, opérerait cet effet — (l'humiliation).

Le titre si débattu de la revendication ne pouvait manquer de fixer l'attention du récent vainqueur de Friedland. Au milieu des doutes que suscite de nouveau la matière, M. Jaubert est chargé de faire un exposé complet de législation. Les principes de la loi romaine, ceux du négoce moderne en Angleterre, en Hollande, à Gênes, en Espagne, en Portugal, sont savamment déroulés ; les opinions des chambres de commerce sont classées, énumérées avec soin, et c'est sous l'impression de ce travail admirable, qui n'a pourtant coûté que quelques heures à son savant auteur, que le conseil révise ce qui a été si soigneusement élaboré.

C'est donc après six mois de discussions lumineuses, c'est après trois épreuves législatives que le livre des faillites devient loi. — Quelque légitimes que soient les plaintes du commerce, quelque justifiée que soit la critique, il y a obligation, on le comprend, de procéder avec réserve sur ce point difficile. — Si nous avons, sur l'époque qui vit naître la législation en vigueur, l'avantage de mieux voir et de mieux saisir le véritable état de la question, c'est le fait du temps : nous sommes plus âgés, voilà tout. Cette circonstance peut bien augmenter le poids de nos obligations, en ce sens qu'elle donne à la science le droit de se montrer exigeante envers les artisans nouveaux qui viennent sonder ses profondeurs, mais elle ne saurait tourner au profit de notre vanité !

La part de l'histoire faite, il convient de mettre en relief les nombreuses critiques que soulève généralement le livre qui traite des faillites et des banqueroutes.

CHAPITRE IV.

PARTIE CRITIQUE. — CE QUI FAIT QUE LA LÉGISLATION ACTUELLE EST DÉFECTUEUSE. — SA PORTÉE. — SON CARACTÈRE GÉNÉRAL. — DE LA FAILLITE CONSIDÉRÉE DANS SES RAPPORTS AVEC L'ORDRE PUBLIC.

Dans les matières qui touchent à l'ordre public, la loi qui manque de sanction, fût-elle d'ailleurs bien ordonnée, est une loi incomplète qui sera infailliblement violée. Tel est le caractère de la législation qui régit les faillites et les banqueroutes : rien n'en garantit l'exécution ; partant, et in dépendamment de ce qu'elle procède avec une lenteur, un luxe de délais, de formalités qui effraient à bon droit le créancier de tout commerçant en état d'insolvabilité notoire, la loi actuelle est inexécutée, ou plutôt elle est ouvertement violée. Dans ses dispositions parfaitement justes et sages, dans ses prescriptions d'une exécution facile, comme dans ce qu'elle peut avoir de compliqué, la législation de 1807 se trouve réduite à l'état complet de lettre morte ; et cela est d'autant plus déplorable que cet état date, en quelque sorte, du lendemain de sa promulgation (1). Voilà où les me-

_____

(1) En 1811, la cour de cassation avait à se prononcer sur le mérite d'un pourvoi dirigé par le ministère public contre un arrêt de la cour criminelle de la Seine, rendu à la date 29 décembre 1810, lequel, tout en reconnaissant que

sures d'ordre sont conduites par le défaut de sanction, ainsi que je l'établirai en indiquant comment on peut parer à ce vice capital.

Le mépris qu'on fait de la loi porte sur plusieurs points. Premièrement, c'est un fait avéré que le débiteur qui ne peut plus faire face à ses engagemens ne se déclare en faillite que lorsque cela *lui convient*, c'est-à-dire, et pour emprunter le langage des orateurs du conseil d'état, *aussi tard qu'il veut*. L'ordre de choses ancien, qu'on voulait détruire, n'a pas cessé un moment d'exister. — L'art. 440 du code de commerce est donc tombé en pleine désuétude. Ce qui se passe à Bordeaux, sur ce point, a lieu également à Marseille, à Toulouse, à Nantes, ainsi que le constatent les réponses fort claires qui nous ont été faites. — L'usage a tellement prévalu jusqu'ici à cet égard, que la partie publique est réduite à s'abstenir de toutes poursuites, *faculté* que lui laisse au surplus l'art. 587 (1).

En second lieu, les art. 8 et suivans du code de commerce, touchant le *visa* et le *paraphe* que doivent subir le *livre-journal* et le livre des *inventaires*, sont inexécutés ou fort peu observés. Ces dispositions, toutes d'ordre public, avaient pour but de faire que la position sincère et véritable du négociant pût être régulièrement constatée en toute occasion. La loi étant, quant à ce chef essentiel, généralement éludée et méconnue, il en résulte que les livres produits par le débiteur insolvable n'ont aucun caractère de véracité, et que la fraude est parfaitement à l'aise. En conséquence, il devient impossible de reconnaître quelle était la situation véritable du négociant au moment où il a *vendu à perte* et fait des *emprunts considérables*; inconduite, manœuvres frauduleuses, dépenses excessives, tout échappe par suite aux atteintes de la pénalité, d'où naît cette impunité désastreuse qui, ajoutant incessamment au nom-

---

les agens avaient *remis au magistrat de sûreté des états peu satisfaisans*, — ils étaient mensongers de tout point, — avait débouté le ministère public de ses conclusions, attendu qu'il lui avait été loisible d'intervenir avant l'homologation du concordat. — Le rapport des agens était complétement favorable au failli. Or, ce failli, qui n'offrait que 10 pour cent, se trouva prévenu par les réquisitions tardives de la partie publique, 1.º d'avoir tenu irrégulièrement ses livres; 2.º d'avoir fait des emprunts considérables alors qu'il était de plus de 50 pour cent au-dessous de ses affaires; 3.º d'avoir dissipé de fortes sommes au jeu. — Telles étaient dès 1810 l'influence du code de 1808 et la sincérité des agens d'une faillite.

(1) Cet article fut, au conseil d'état, l'objet d'une longue discussion. Quelques membres voulaient que le fait du défaut de déclaration de faillite, dans les trois jours de la cessation de paiemens, déterminât *positivement* la mise en prévention du débiteur, et motivât des poursuites en banqueroute simple. C'est l'opinion contraire qui l'a emporté.

bre des mauvaises affairés, augmente le désordre, amène le discrédit, et consomme chaque jour davantage, sur les places où le mal se développe avec énergie, la ruine du négoce.

Enfin, et comme mesure d'ordre, en même temps que de convenance sociale, l'art. 614 dispose que le failli qui n'aura pas obtenu sa réhabilitation ne pourra se présenter en bourse. — La loi le déclare, et cela, à juste titre, déchu de sa qualité de commerçant, qualité honorable, et qui est, en quelque sorte, un titre de créance. Eh bien ! cette disposition est complétement méconnue (1). Si l'on voit, dans le premier moment, le failli concordataire, ou celui qui a fait un *arrangement*, se tenir loin des réunions de bourse aux heures accoutumées ; si la pudeur le retient en-deçà de l'enceinte réservée, ces scrupules ne durent pas, et bientôt il vient, laissant aux circonstances le soin de vêtir son concordat, se mêler aux groupes affairés qui se meuvent dans ce centre de réunion. — Moyennant quoi, l'on en est venu à se passer effrontément de toute réhabilitation solennelle (2).

Si, de ces violations capitales du droit existant, nous descendons aux circonstances secondaires, nous sommes amenés à reconnaître, entre autres faits, que la partie de l'art. 455 du code qui ordonne le dépôt de la personne du failli dans la maison d'arrêt pour dettes, circonstance dont Napoléon avait si nettement établi l'utilité et la convenance, ne reçoit pas d'application. Le failli est *censé* remis à la garde d'un officier ministériel, car le tribunal de commerce l'ordonne ainsi pour vêtir la loi en ce qui le concerne ; mais ce fait de garde n'a en réalité rien de sérieux. Le sauf-conduit est délivré promptement et sans exciter de grands débats. Certes, ce n'est pas là placer le failli *en prévention de délit*, conformément au vœu du législateur. — L'art. 456 interdit, fort à tort du

---

(1) Ce n'est pas seulement à Bordeaux que les magistrats chargés de veiller à l'exécution de la loi ont trouvé des résistances, telles que force a été de renoncer à faire observer une mesure aussi pleine de moralité. Partout même inconvenance, car c'en est une assurément, que dans un local spécialement destiné au commerce, le négociant qui n'a pas contracté la fâcheuse souillure de l'insolvabilité soit réduit à coudoyer celui qui, à l'aide d'une fabrication de livres *bien conduite,* vient d'enlever 25 ou 30 pour cent à ses créanciers. — Les magistrats et le commerce lui-même sont réduits « à fermer les yeux », pour nous servir de l'expression que le commerce de Toulouse emploie en répondant à nos questions.

(2) La place de Bordeaux, nous assure-t-on, a offert depuis 1830 trois cas de réhabilitation. — Cela n'a rien de surprenant. De quelle utilité, en effet, pourrait être la réhabilitation au commerçant qui a trouvé le secret de ne pas se déclarer en faillite et de faillir à petit bruit ?

reste, de nommer agent plus de deux fois dans le cours d'une même année le même individu, *à moins qu'il ne soit créancier de la faillite.* Cette disposition a placé les tribunaux de commerce dans un embarras tel, que ce n'est qu'en violant la loi, en l'éludant complétement, qu'on en vient à pourvoir aux opérations qui exigent, dès les premiers pas de la faillite, l'intervention d'un homme familiarisé avec les allures de la comptabilité. — Si la disposition est vicieuse, il faut la supprimer, la modifier convenablement ; car c'est un mal très-grand que la loi ait tort, et que l'usage vienne lui donner chaque jour de violens démentis.

Ainsi, c'est vainement que la législation de l'empire a pris soin de consacrer les exigences de l'ordre public par des prescriptions que recommandaient les vues les plus sages ; on n'en a tenu compte, et la faillite éclate ou n'éclate pas, elle procède, elle est menée au gré de quelques intérêts privés, habiles à l'exploiter pour leur propre compte. — Et qu'on ne dise pas, comme il nous a été donné de l'entendre proclamer, que c'est là un fait d'ordre privé qui n'intéresse véritablement que les créanciers dont les valeurs sont en jeu. — La faillite, c'est une atteinte portée au crédit commercial, c'est-à-dire au mouvement des affaires, à leur facilité ; fait désastreux, et qui, par cela seul qu'il se produit souvent sur une place, indépendamment de ce qu'il altère les sentimens d'honneur et de probité sur lesquels repose toute société, détruit insensiblement la confiance dont cette place jouissait au-dehors, et diminue le nombre, l'importance de ses relations. C'est ainsi que tout essor industriel est paralysé, que la faveur, que l'espoir du spéculateur se portent sur d'autres points, et que décline, pour ne plus se relever, l'importance commerciale d'une cité. — De là vient qu'on cite aujourd'hui en France les villes qui offrent au commerce toute sécurité et celles dont il faut se défier ; celles avec lesquelles on peut commercer librement, sans appréhension, et celles avec lesquelles toute négociation ou vente à long terme, tout *découvert* est à craindre. Tandis que les premières vont agrandissant le cercle de leurs opérations, les autres semblent, par degrés, déchoir de leur importance et de leur rang. Or, la cause, la véritable cause de cette déclinaison est dans le mépris fréquent des engagemens qui doivent se résoudre par le paiement loyal de ce qui fut convenu. — Le crédit, c'est la condition vitale du commerce ; c'est à son extension qu'est attaché, je le répète, le mouvement des affaires, car il résulte toujours de la capacité, de la délicatesse qu'on suppose à celui auquel on l'accorde.

« Le véritable crédit, remarque Treilhard, tient toujours à l'*opinion* qu'on inspire de sa *bonne conduite* et de son *intelligence.* — Quels sont les hommes qui ont acquis une grande réputation dans le commerce ; dont la signature, respectée jusqu'aux extrémités du globe, faisait exécuter les ordres avec une ponctualité que ne pouvaient pas toujours se promettre les souverains eux-mêmes ?

» Les particuliers dont les commencemens *furent obscurs* ; qui, par de longs travaux, des conceptions heureuses, de sages combinaisons, des méditations profondes sur leur état, et surtout par une *modestie soutenue*, par une loyauté inaltérable, parvinrent à captiver la confiance. »

Le crédit, on le voit donc, ne naît pas seulement de l'opinion qu'on a de la richesse de tel ou tel négociant ; cela serait d'autant plus difficile à comprendre, qu'on entre dans le commerce pour acquérir par le travail l'aisance, la fortune dont on est privé. — Ainsi c'est le crédit qui transforme en leviers puissans au sein de l'industrie les particuliers dont *les commencemens furent obscurs*, ces hommes que *l'opinion qu'ils surent inspirer de leur bonne conduite, de leur intelligence* dota de la faveur commerciale et par suite de la fortune ; ces négocians recommandables, la cité qui en possède quelques-uns les montre avec orgueil au commerce du dehors comme une marque imposante que les élémens de la richesse commerciale, que les véritables lois du négoce sont chez elle convenablement appréciés. — Il existe sur notre place plusieurs de ces attestations honorables ; la crainte de blesser la modestie de quelques chefs de maison qui sont montés au premier rang après des commencemens *obscurs*, peut seule nous empêcher de citer des noms qui sont dans toutes les bouches, parce que le commerce voit dans ces hommes intègres et soigneux de leur renommée ses plus exactes personnifications.

Si donc le crédit est l'âme des affaires, si lui seul peut en agrandir le cercle, et si cela est vrai des pays, des cités qui s'adonnent au commerce comme des négocians en particulier — ce qui ne peut faire doute, — il faut reconnaître que les faillites, en détruisant la confiance, ruinent le commerce, ce puissant élément de la prospérité publique, et que par cela même elles touchent à l'ordre social qu'elles tiennent en échec. — C'est à ces considérations que se rattachait M. de Fréville dans son discours au corps législatif, lorsqu'il s'écriait :

« On a répété trop souvent qu'il ne s'agit en pareil cas que *d'intérêts privés* et faits pour être débattus entre le débiteur et ses créanciers. La société en général n'y est-elle pas intéressée sous les rapports les plus graves? La faillite en elle-même, et indépendamment des circonstances susceptibles, soit de l'excuser, soit de la présenter comme une faute ou un délit, n'est-ce pas un événement *qui porte le trouble dans la circulation?* Un tel état de désordre pourrait-il exister sans nuire essentiellement aux mœurs publiques *et sans arrêter le développement de la richesse nationale*, en diminuant dans l'intérieur l'énergie du travail et la fécondité de l'industrie ; *en relâchant au-dehors* les nœuds par lesquels le crédit doit unir nos opérations avec celles *du commerce étranger ?* »

Il était difficile de mettre plus heureusement en relief cette vérité, que l'état d'insolvabilité du commerçant est un fait qui touche à l'ordre public, et qui doit exciter à ce titre toute la sollicitude de la loi. — Si nous avons insisté sur ce point avec quelque étendue, c'est qu'il nous a paru, comme à l'orateur qui vient d'être cité, qu'on n'est pas assez généralement convaincu de cette vérité importante.

Reprenant le cours de notre examen touchant les imperfections que présente la législation des faillites, nous nous attacherons aux fonctions du juge-commissaire comme à l'un des points les plus saillans du système actuel.

CHAPITRE V.

CONTINUATION DE LA PARTIE CRITIQUE.—DE L'INTERVENTION DU JUGE-COMMISSAIRE. — DÉFECTUOSITÉS. — LACUNES.

Lorsque M. Jaubert mit fin aux hésitations du conseil d'état, en proposant l'établissement d'un juge-commissaire comme surveillant légal de la faillite, sa proposition fut hautement approuvée. « Il doit résulter de cet établissement, disait le judicieux Berlier, une *amélioration considérable.* — Par la force des choses, ajoutait-il, les syndics font aujourd'hui à peu près *tout ce qu'ils veulent.* De là, la nécessité d'une espèce de partie publique, d'un surveillant légal auquel on puisse s'adresser sans forme de procès. — Quand une telle magistrature, remarque cet orateur en terminant, sera bien organisée, elle sera *très-utile* ».

Or, qu'est-il arrivé ? Précisément ce que redoutait l'archi-chancelier et ce qu'il exprima nettement dans le cours de cette discussion. Dans la pensée de Cambacérès, l'on mettait *trop de confiance* dans l'intervention du juge-commissaire, lequel, disait-il, ne donnera que *peu d'attention aux affaires.* Ces appréhensions étaient fondées. Il faut, en effet, reconnaître avec le commerce de plusieurs villes importantes, et notamment avec celui de Toulouse et de Nantes, auquel vient se joindre le sentiment de plusieurs négocians de notre place, que l'établissement du juge-commissaire, véritable superfétation, n'exerce que peu ou point d'influence sur la marche de la faillite. L'exécution de la loi a démontré que cette institution n'est qu'une fiction, sans application réelle, une *véritable déception* (1).

« Donne-t-on toujours le temps nécessaire à *la surveillance* qu'exige l'administration d'une faillite? Apporte-t-on dans ces fonctions importantes l'*activité*, les *soins* qu'elles réclament? Cependant l'on se plaint des *longueurs* de la procédure, des *formalités ruineuses*; mais le vice n'est pas dans la loi, il est *tout entier* dans la *négligence* avec laquelle on administre le plus souvent les faillites, et dans l'*insouciance* qu'on apporte à surveiller cette administration (2).

Ainsi, les hommes de pratique et ceux qui se livrent à l'étude de la science du droit s'accordent pour reconnaître que l'institution du juge-commissaire est fort loin d'avoir rempli le vœu de ses auteurs.

De l'échec qu'a reçu la loi sur ce chef important et du mépris qu'on a fait de ses plus sérieuses prescriptions touchant le paraphe et le visa des livres, la prompte déclaration de la faillite, le fait de la réhabilitation, etc., sont nées les faillites nombreuses qui affligent le commerce et celles qui, cent fois pires, cent fois plus frauduleuses que les premières, permettent à leurs auteurs de s'enrichir sans qu'il réjaillisse sur eux aucune honte, aucun fâcheux éclat. Sans doute, et une longue expérience est venue l'attester, la loi avec ses lenteurs impolitiques, son imprudente fiscalité, a fini par faire tourner au profit de l'immoralité la plupart de ses dispositions : une faillite déclarée étant la pire des issues, créancier et débiteur, chacun écarte autant que possible cette solution; mais le défaut qui domine tout le système, le vice capital, c'est le défaut, l'absence de sanction suffisante. La loi prescrit, dispose avec soin, mais elle manque de moyens d'exécution, c'est-à-dire du bras qui exécute et qui force d'exécuter.

C'est cet inconvénient qu'a parfaitement entrevu l'auteur de l'*Examen critique du code de commerce*, sans toutefois indiquer, parmi les vues qu'il propose, un moyen sûr et convenable de combler une telle lacune.

L'auteur de l'*Examen critique* (3) est parti d'un principe dont la justesse nous semble devoir être contestée. « Il ne faut faire sur la loi des faillites, nous dit M. Vincens, que des lois que le commerce *soit disposé à exécuter* ». Rien ne paraît plus sensé au premier abord, et rien ne serait cependant plus dénué de sens que de prétendre fonder le crédit, la garantie mutuelle, l'ordre public à l'aide d'une telle maxime.

---

(1) Voir le Mémoire adressé à la Chambre élective par le commerce de Toulouse.

(2) Boulay-Paty *Des Faillites*, tom. I.er, pag. 198.

(3) *Examen critique du code de commerce*, par M. Vincens, ancien négociant. — Paris, 1821.

Ce n'est point par *sa rigueur même* et par un excès de sévérité que la législation sur les faillites a manqué le but proposé ; mais bien parce qu'on s'en est remis pour l'observation de ce système au jugement, à l'arbitrage de la puissance publique, que la crainte de gêner les libres allures du commerce par le contact du ministère public a fait placer trop loin de la juridiction consulaire. Au lieu d'ordonner impérativement, au magistrat préposé à l'observation des lois, d'agir dans telle et telle circonstance, on l'a laissé juge du cas où il convient d'intervenir. C'est toujours le ministère public qui *peut* et non qui *doit* poursuivre dans tel cas donné ; pouvoir discrétionnaire qui, recevant en vingt ressorts les interprétations les plus diverses, a fini par soumettre la loi à des tiraillemens qui l'ont frappée d'inconsistance et de mort. Le désir, je le répète, de conserver au commerce une grande latitude, de le laisser en quelque sorte régler ses affaires en famille, a déterminé l'adoption de ce système faux et désastreux ; ce motif a surtout contribué à placer la puissance publique dans une sphère d'action complétement loin de la juridiction commerciale, laquelle est hors de portée.

Pour ce qui est des lois que *le commerce doit être disposé à exécuter*, nous dirons en fin de compte que nous comprenons cela en matière de législation de douanes, de lois et réglemens sur le roulage, sur les entrepôts, sur les octrois, parce qu'en ces matières il faut, sous peine de le frapper au cœur, de le ruiner, consulter le commerce, ce qu'il peut faire et ce qu'il réclame ; mais, pour les mesures qui intéressent la société en masse, qui se lient, comme les faillites et les banqueroutes, à la morale, au bien-être d'une nation, nous dirons que le législateur ne doit prendre conseil que des intérêts de la société, et qu'il doit vouloir, et vouloir fortement, ce qu'il croit juste et salutaire. — Si l'on répond qu'une exécution rigoureuse de cette loi compliquée et chargée de lenteurs eût excité les plus vives plaintes et fait ressortir davantage les imperfections qu'on remarque, nous dirons que les plaintes eussent *hâté la réforme par leur vivacité,* et qu'au lieu de lutter pendant trente années contre un désordre qui s'accroît tous les jours, l'expérience eût été bornée à la moitié, au tiers de ce temps ; or, à cela tout le monde eût gagné. — Les lois négatives sont de toutes les mesures sociales la pire espèce.

Cet examen critique terminé, nous devons exposer les vues qui devraient, suivant nous, présider à la réforme du système actuel, et qui auraient pour effet de remédier aux maux dont le commerce est si vivement affecté.

CHAPITRE VI.

QUELS FAITS SONT A CONSIDÉRER DANS L'ÉTAT D'INSOLVABILITÉ COM-
MERCIALE. — LE MALHEUR EST UN MAUVAIS CONSEILLER QUI REND
LE DÉBITEUR SUSPECT ET QUI MARQUE L'ÉPOQUE OU LA LOI DOIT
INTERVENIR. — PRINCIPE POSÉ EN CONSÉQUENCE DE CE FAIT. —
MOYENS D'EXÉCUTION : SANCTION PÉNALE.

Durant le cours des discussions auxquelles donna lieu le livre des faillites dans le sein du conseil d'état, un mot plein de sens fut prononcé par
le rapporteur de la section de rédaction. « S'il est vrai, disait M. Cretet
dans la séance du 21 mars, que les bonnes lois doivent placer leur ra-
cine dans l'expérience, nous ne cesserons d'inviter tous les membres du
conseil à la consulter ».

L'expérience, tel est en effet le point de départ de toute bonne législation.
C'est donc aux faits que nous demanderons conseil, convaincu qu'ils con-
tiennent en germe la solution des difficultés, des embarras que présente
l'objet qui nous occupe. Dans ce but, il convient de déterminer le caractère et les motifs du fait de cessation de paiemens qui est, tôt ou tard, suivi
d'une déclaration d'insolvabilité solennelle proclamée en justice. — Qu'est-
ce qu'une faillite ? Comment, par quels motifs est-on, en général, conduit
à déclarer qu'on ne peut payer intégralement ses créanciers de ce qui leur
est dû ? Sur ce point important, voici ce que répondent les faits consultés :

En général, une faillite, — j'entends par ce mot l'état d'insolvabilité
plus ou moins complète, *judiciairement proclamé*, — c'est de la part du
débiteur un fait involontaire, en ce sens qu'il n'a pas été préparé de longue main et durant le cours prospère des spéculations commerciales. Le
négociant, le marchand qui se déclarent en faillite, sont entrés dans la
carrière du négoce avec l'intention arrêtée, non d'abuser du crédit commercial, de s'en montrer indignes, mais au contraire avec la ferme volonté
de faire honneur à leurs engagemens, de les remplir avec une exactitude,
une fidélité scrupuleuses, et d'ajouter sans cesse à leurs bénéfices en ob-
tenant un crédit d'autant plus étendu qu'il sera complétement justifié. Tels
sont les sentimens qui animent, dès les premiers pas, celui qui se livre au
commerce. — Dans tout ceci, je le répète, je n'ai en vue que le failli déclaré judiciairement ; pour ce qui est de ces débiteurs soi-disant honteux,
qui demandent à un arrangement clandestin une solution dans laquelle la
fraude et la rapacité luttent de vitesse, ce n'est pas d'eux qu'on peut porter

en général un jugement favorable : gens qui opèrent dans l'ombre, et dont pour ce motif la moralité peut être difficilement appréciée. — Le malheur de l'insolvabilité a besoin de paraître au grand jour s'il ne veut être suspecté.

Ce qui porte à croire que le failli est surtout dominé par les circonstances lorsqu'il se déclare en état d'insolvabilité, c'est que, dans l'opinion des hommes, celui qui cesse de faire face à ses engagemens encourt une sorte de flétrissure, en ce qu'il donne à la société le droit de croire à son incapacité, à son inconduite, alors que d'ailleurs sa délicatesse ne serait pas mise en doute. Il y a dans cet aveu d'impuissance quelque chose qui froisse à tel point le sentiment de la dignité humaine (1), que tout porte à penser que ce n'est guère volontairement et de dessein médité long-temps à l'avance que le failli en est venu à faire une semblable déclaration. Cet aveu public d'insolvabilité est assurément, dans l'état de nos mœurs, un de ceux qui doit le plus coûter au cœur de l'homme. Ainsi, loin qu'elle soit le résultat d'un honteux calcul avec lequel celui qui manque à ses obligations aurait vécu en relation intime, la faillite est un fait sincère, complétement involontaire et que le débiteur, à mesure qu'il approche de cette solution fatale, voudrait éviter à tout prix. — Or, à une semblable solution nous ne connaissons point de remède, point de législation à opposer, si vigoureuse qu'elle fût d'ailleurs. — L'on reconnaît, au surplus, que le temps est loin où la loi pouvait, sans gêner les mouvemens de l'industrie, imposer à tout aspirant certaines conditions qui témoignassent de son aptitude. C'est donc sur d'autres points que doit se porter l'attention du législateur ; et, de fait, le siége du mal qui excite tant de plaintes est placé ailleurs.

L'expérience nous apprend, en effet, que si la faillite est un fait *sincère*, en ce sens qu'il est forcé, il faut, d'autre part, reconnaître que la fraude et le vol, que les manœuvres de toute sorte se donnent carrière le jour où cette solution fatale est entrevue comme *inévitable* par son principal intéressé, le débiteur. C'est de ce moment suprême, moment qui montre la situation empirant de plus en plus, que date l'exploitation scandaleuse de la fortune des créanciers. — Ainsi c'est un fait avéré, et dont la loi, ce grand réflecteur de la conscience humaine, doit prendre acte, que les embarras, les peines augmentant, font taire les scrupules ; que cet homme si

---

(1) Les hésitations, la répugnance qu'éprouve un débiteur à se déclarer publiquement insolvable, tiennent à quelque chose de plus relevé, de plus intime que les susceptibilités de l'amour-propre. Il semble à celui qui se voit menacé d'une semblable solution, qu'il va encourir ce qu'à Rome on eût appelé une diminution de soi-même, véritable *diminution de tête*.

probe, si plein d'honneur, qui se fût indigné, il y a quelques mois, à l'idée d'un acte d'indélicatesse, est devenu accessible aux pensées déloyales, par suite de l'état d'angoisse et de souffrance contre lequel il a lutté vainement. Durant quelque temps on l'a vu multiplier les démarches, les sacrifices de toute sorte, pour échapper aux cruelles étreintes d'une position de plus en plus critique ; efforts inutiles : là sont venues se rencontrer et les complications sans fin, et les espérances déçues et les vives poursuites de créanciers, que la peur de tout perdre rend impitoyables ; position affreuse, qui laisse à peine la tête libre, et qui, faisant taire insensiblement toutes les voix de la conscience, hors une seule, celle de l'intérêt personnel accoutumée à dominer tous les orages, porte le débiteur à se replier lentement sur lui-même pour égoïser par degrés, fait qu'il s'autorise du spectacle de la mauvaise foi d'autrui pour argumenter contre les scrupules qui lui restent, et qu'il conclut par frustrer ses créanciers d'une partie de leur dû, c'est-à-dire par se faire fripon. — Fait immense, et qui contient en germe le principe de défiance d'après lequel la loi doit opérer.

Renversant donc les termes de notre première proposition, nous sommes amenés à dire que s'il est constant que le négociant qui se déclare insolvable n'a pas été conduit à ce résultat de dessein, longuement prémédité, en revanche, la généralité des débiteurs se présentant comme insolvables, a cessé d'agir avec une entière délicatesse, et de tenir à l'estime publique le jour où la déclaration d'insolvabilité paraît ne pouvoir être évitée. — A cette heure suprême, les scrupules se sont évanouis, la conscience, lassée par le malheur, s'est insensiblement altérée, et l'homme probe a fait place au sophiste indélicat qui, mettant sans plus hésiter la main sur la fortune d'autrui, travaille activement à s'en approprier, par voie de retenue, la plus grande portion, et qui répond en fin de compte, aux scrupules qui le poursuivent et le troublent, que voler ses créanciers c'est reprendre son bien ; ce n'est pas voler.

Eh bien ! c'est à cette heure où s'opère dans les sentimens de l'homme une révolution si complète, que la loi doit agir ; son intervention salutaire est marquée par l'instant où la fraude et le vol sont disposés à intervenir. — Or, ce moment est indiqué par le fait significatif de la cessation de paiemens. Outre qu'une telle manifestation bien analysée implique que la fortune du négociant a cessé d'être sienne, puisqu'il avoue que, loin de posséder quelque chose au-delà de ce qu'il doit, il possède moins que ce qui est dû ; qu'ainsi le débiteur détient et administre, à dater du jour où il cesse de payer, la fortune de ses créanciers ; il est évident que cet homme, en se déclarant insolvable, est devenu suspect dans les soins qu'il pourrait donner à la fortune d'autrui : car, à la crainte des suggestions fâcheuses qui viennent assaillir l'homme qui, la veille, vivait dans l'aisance, suggestions plus puissantes sur celui qui tout-à-coup va déchoir de son rang que sur l'homme obscur, peu accoutumé aux faveurs de la fortune ; à la crainte, dis-je, de ces pensées vient se joindre cette grave considération, que l'homme qui cesse ses paiemens a pu arriver à ce résultat, non point par la rigueur des temps, par une longue suite de malheurs éprouvés, mais par le fait de son incapacité, de ses dépenses désordonnées, peut-être même par l'effet d'une coupable inconduite. — Or, dans ces premiers momens inséparables d'une grande confusion, dans ce doute qui plane sur les affaires, sur les sentimens du débiteur, sur sa vie entière ; lorsque le soupçon est partout, la connaissance de ce qui s'est passé nulle part ; lorsque, au surplus, cet homme, dont le passé a tant besoin d'être expliqué, a perdu tout droit sur ce qu'il possède, c'est sur lui que la loi se reposerait du soin d'administrer, de manipuler la fortune d'autrui ?... et cela alors qu'il manque à tous ses engagemens, et que l'on ne peut savoir si c'est un homme sans honneur et sans foi qui ravit à ses créanciers une partie de leur avoir, ou s'il faut faire une part équitable à l'infortune? Ah ! je le déclare, jusqu'à ce que cette situation soit éclaircie pour tous ceux que ce naufrage constitue en perte, jusqu'à plus ample informé, celui qui se montre insolvable est devenu par cela même un débiteur suspect, et en défiance duquel la loi doit se tenir dans un intérêt d'ordre public et d'ordre privé tout à la fois.

Le principe qui sera posé en conséquence du fait fort équivoque de l'interruption de paiemens, sera donc ainsi formulé :

Tout commerçant est tenu pour suspect le jour où, entrevoyant clairement l'impossibilité de faire face à ses affaires, il cesse ses paiemens. D'où suit qu'il perdra sur le champ, à titre de suspicion légitime, l'administration d'une fortune qu'il avoue être insuffisante pour payer ses créanciers, fortune sur laquelle il n'a plus dès-lors aucun droit. — C'est cette conséquence si rigoureusement déduite des faits, que consacrent expressément les art. 437 et 442 du code de commerce :

1.º Tout commerçant qui cesse ses paiemens est *en état de faillite ;*

2.º Le failli, *à compter du jour de la faillite ,* est *dessaisi* de plein droit de l'administration de tous ses biens.

CHAPITRE VII.

VUES. — Point de départ. — Pénalité proportionnée a la nature du délit ; mais inévitable.

———

Nous avons, avec la loi qui régit les faillites, un point de départ commun ; c'est chose importante, et dont nous n'avons plus qu'à tirer, par voie de conséquence, de rigoureuses déductions. — Ici commence l'obligation, sinon de se séparer du régime actuel, du moins, et tout en marchant parallèlement, de faire sincèrement effort pour assurer à l'œuvre du législateur tout l'effet qu'il fut dans sa pensée de lui donner. — Dans ce but, il ne faut pas se borner à déclarer que le négociant qui cesse ses paiemens est en état de suspicion légitime, et qu'il est dessaisi, dès l'instant où il ne fait plus face à ses engagemens, de l'administration de ses biens ; il faut que ce dessaisissement soit prompt et qu'il soit assuré par une sanction pénale sérieuse, inévitable. — Cette sanction aura pour effet de forcer le débiteur à faire connaître publiquement l'état d'insolvabilité auquel il est réduit, afin que l'avoir des créanciers puisse être géré convenablement aux intérêts de ses véritables maîtres. — En conséquence, le code de commerce contiendrait un article non plus portant que *le failli qui n'aura pas fait au greffe la déclaration* presqu'instantanée *de cessation de paiemens exigée par l'art.* 440 pourra être poursuivi comme banqueroutier simple et pourra être déclaré *tel ;* mais il serait clairement disposé par l'art. 587 que le failli repréhensible sur ce chef *sera* poursuivi comme ayant contrevenu aux dispositions de l'art. 440, et qu'il *sera* puni pour ce seul fait. — Modification importante qui rend *obligatoire* la poursuite, de *facultative* qu'elle est, et qui fait que la peine attachée à une semblable violation est *certaine*, condition inséparable de toute bonne sanction pénale (1). — C'est à ces principes, seuls faits pour assurer la stricte et sévère observation d'une mesure d'ordre public, que se rattachait, il y a quelques années, la cour royale de Bordeaux, lorsque, consultée au mois de mai 1827

———

(1) « Ce n'est pas la rigueur du supplice qui prévient plus sûrement les crimes, c'est la *certitude* du châtiment.... La perspective d'un châtiment modéré, mais inévitable, fera toujours une impression plus forte que la crainte *vague* d'un supplice terrible auprès duquel se présente *quelque espoir d'impunité.* — L'homme tremble à l'idée des maux les plus légers, *lorsqu'il voit l'impossibilité de s'y soustraire* ». (Beccaria, *Des délits et des peines.*) « On devient bon, disait Servan, en perdant l'espérance *d'être méchant avec impunité* ».

par le ministre qui tenait alors les sceaux, sur la nature des modifications à introduire dans la loi des faillites, elle consignait, sur le registre de ses audiences, toutes chambres assemblées, des remarques judicieuses, auxquelles je crois devoir emprunter l'extrait suivant (1) :

« La pénalité paraît sévère, disait la commission à la tête de laquelle se trouvait placé l'honorable M. de Saget, la poursuite n'est que *facultative ;* la réunion de ces deux conditions a pour effet inévitable l'inobservation de la loi... Il vaut mieux adoucir la peine et la rendre *inévitable.*

» Tout négociant, ajoutaient les membres de cette même commission, qui dissimule au public la nécessité sous laquelle il succombe; qui se maintient, au détriment de ses créanciers, dans l'administration d'un actif déjà insuffisant pour les satisfaire ; qui, sachant qu'il est en état de cessation de paiemens, retarde l'aveu qu'il en doit faire, et livre ainsi ses créanciers aux embarras, aux lenteurs des discussions que doit faire naître la nécessité d'en déterminer l'époque, doit toujours, et quelle que soit sa bonne foi dans ses transactions commerciales, *être soumis à une punition.* »

En conséquence, la cour exprime le vœu que la poursuite soit *obligatoire* dans ce cas, et la peine *inévitable* (2). « Rien n'est plus frauduleux, disait M. Bérenger durant la discussion au conseil d'état, que de *continuer le commerce* malgré la conviction qu'on ne pourra pas se soutenir, *et de jouer*

(1) Je dois l'indication de ce document précieux à la bienveillance d'un homme que le barreau de Bordeaux regarde comme l'une de ses plus notables illustrations; homme dont les encouragemens sont précieux à la jeunesse comme l'amitié qui vient de haut.

(2) La cour royale de Bordeaux proposait, dans le travail dressé par la commission, de punir de quinze jours d'emprisonnement le commerçant qui n'aura pas fait dans le temps voulu la déclaration d'insolvabilité, prescrite par l'article 440. Cette peine, indépendamment de ce qu'elle est légère, comparée à l'importance du défaut de déclaration, nous semblerait devoir être graduée. Il faut bien remarquer, en effet, que tout débiteur qui ajourne sa déclaration et qui se reconnaît au-dessous de ses affaires, non-seulement exploite à discrétion l'avoir de ses créanciers, ce qui est fort immoral, mais qu'il tient dans ses mains le sort de la faillite, dont la marche se trouvera par suite fortement compliquée, compromise peut-être par des difficultés insolubles. Or, il me semble que ce serait le cas de frapper le failli d'un emprisonnement qui, pouvant s'étendre d'un à six mois, par exemple, eût quelque chose de sérieux. — Ce fait constituerait une contravention à part. Les cas de banqueroute simple étant nombreux, et se trouvant du reste le plus souvent unis à cette circonstance, la partie publique aurait le choix quant aux poursuites qu'il conviendrait d'intenter. — La nouvelle loi, qui ne fait que reproduire à peu de chose près celle discutée en 1835, s'éloigne beaucoup trop de cet ordre d'idées.

ainsi aux risques et périls des créanciers dont on aggrave chaque jour le malheur ». — C'était, au surplus, dans cette pensée que les art. 437 et 440 avaient été conçus et rédigés. « L'esprit du projet, disait le rapporteur M. Cretet, est de *forcer* le failli à faire sa déclaration dans les trois jours ». Il est à regretter que les moyens pour obtenir ce résultat aient été mal choisis ; la manière dont furent rédigés les art. 587 et 594 a frappé la loi d'inefficacité dans sa disposition la plus vitale.

Les avantages de ce système sont saillans, indépendamment de ce qu'il a de parfaitement conforme aux exigences du droit et de l'équité. — Si, comme on en convient généralement, les faillites non déclarées (1) et celles qui sont rendues publiques tardivement constituent un état de choses dans lequel la fraude et le vol trouvent un aliment déplorable ; si ces désordres sont d'autant plus funestes au crédit commercial, au mouvement des affaires, que ce sont les débiteurs importans qui, à la faveur d'un arrangement dans lequel le failli et ses affidés font la loi, traversent en quelque sorte la honte de l'insolvabilité (2), l'on reconnaîtra que rien n'est plus propre à protéger le commerce contre de tels maux que la consécration des principes que je viens d'exposer. Ce système n'offrirait-il que le mérite d'assigner sur le champ à la faillite déclarée sa véritable date, et de rendre sans application le droit de la faire remonter indéfiniment, ce serait un bienfait qui ne saurait être assez apprécié. — Par là se trouverait dégagé de toute discussion avec le passé, de tout fâcheux incident, le réglement de la faillite. C'est ce que fait nettement ressortir la commission consultée en 1827. « On se plaint des lenteurs, des incidens sans fin qui entravent la marche de la faillite ; ces lenteurs, ces abus sont pour la plupart la conséquence de l'inobservation des règles que contient la loi actuelle ». — Mais c'est surtout, je ne saurais assez le redire, aux pactions clandestines qu'il est urgent de mettre un terme par de telles dispositions ; faillites désastreuses auxquelles ne vient pas s'attacher le sceau du déshonneur, et qui minent d'autant plus le crédit commercial, que l'assurance d'une complète impunité en accroît incessamment le nombre. Tels sont les faits qui excitent au plus haut point les plaintes du commerce, et

---

(1) Celui qui fait au greffe la déclaration d'insolvabilité, prescrite par l'art. 440, et celui qui échappe à ses obligations par un arrangement clandestin, sont pour moi en état flagrant de faillite. S'il existe entre eux quelque différence, je dirai qu'elle est toute à l'avantage du premier.

(2) Consultez le commerce, il vous dira *qu'on vient toujours à bout d'arranger une belle affaire ;* quant aux insolvabilités de bas étage, on ne se donne bas la peine de les régler amiablement : aussi sont-elles abandonnées aux chances incertaines et sans intérêt d'une déclaration judiciairement proclamée.

qui sont de nature à décourager les efforts consciencieux du jeune négociant, lequel a omis de faire dès le début une large part à la fraude et à
l'impudeur. — Solutions déplorables qu'il faut poursuivre sans pitié sur
tous les points, sous toutes les formes, afin que le fait de l'insolvabilité
commerciale *ne puisse être masqué pour personne*, et que nul dès-lors ne
puisse l'affronter sans un sentiment pénible. — A ces conditions est attachée la prospérité du commerce, qu'il ne faut jamais séparer de sa moralité.

Après avoir déterminé les principes qui doivent former point de départ
en cette matière, nous croyons le temps venu d'indiquer les moyens qui
peuvent, selon nous, en assurer la stricte observation.

CHAPITRE VIII.

COMMENT ON ASSURE L'OBSERVATION D'UNE MESURE D'ORDRE ET D'IN-
TÉRÊT SOCIAL. — DU MINISTÈRE PUBLIC, CONSIDÉRÉ COMME PER-
SONNIFICATION DE LA LOI.— EXAMEN DES OPINIONS CONTRAIRES A
CET ÉTABLISSEMENT.

Toute loi, disions-nous dans un précédent exposé, qui touche à l'ordre
public, doit vouloir et vouloir fortement ce qu'elle a cru devoir établir
comme juste et salutaire. Sa volonté se manifeste par l'emploi qu'elle fait
des moyens de contrainte et de coaction jugés indispensables; c'est ce qu'on
appelle assurer le respect de la légalité existante par une sanction positive. Or, toute sanction se compose de deux élémens inséparables :
la détermination de la peine qui suit l'inobservation de la loi ; en second lieu, le choix d'un agent spécialement chargé de faire attribuer à tout
contrevenant la peine encourue, pour plus tard en surveiller l'application. — Tout ce qui est relatif au premier point se trouvant réglé
sur le chef important de la prompte déclaration d'insolvabilité, nous nous
occuperons de l'instrument qui fait exécuter la loi en provoquant l'intervention rigoureuse de la pénalité instituée.

Le reproche qu'on fait à la législation des faillites et des banqueroutes, et
ce reproche acquiert chaque jour plus de consistance, est tiré de ce qu'elle ne
s'est pas reposée sur un agent spécial du soin de faire exécuter ses dispositions les plus essentielles.—La partie publique, placée complétement à distance de la juridiction commerciale, se meut dans une sphère d'action qui
ne lui permet pas, suivant nous, de veiller convenablement à l'observa-

3

tion des lois sur le commerce, et d'empêcher, par exemple, les faillites de dégénérer en un abus scandaleux qui tente la cupidité, parce qu'il ouvre la porte à toute sorte de désordres. C'est de ce grave inconvénient qu'étaient surtout frappés, en 1807, les membres du Conseil qui, faisant une juste part aux plaintes du commerce, avaient proposé, dans le principe, l'établissement d'une partie publique auprès de la juridiction consulaire. Cette pensée, toute rationnelle qu'elle était, fut abandonnée par des motifs qui ont aujourd'hui sensiblement perdu de leur valeur, mais dont il importe, au surplus, d'examiner la justesse.

Qu'opposaient, en effet, à l'établissement d'une partie publique près les tribunaux de commerce, les adversaires de cette innovation ? Rien que de spécieux, rien surtout qui prouvât en thèse absolue que cette proposition ne peut, en recevant quelques modifications, se concilier avec les intérêts du commerce, en même temps qu'elle donnerait, à l'ordre et à la garantie mutuelle, toutes les sûretés désirables.

Après avoir fait remarquer combien, en général, l'institution du juge-commissaire est de peu d'influence sur la marche des faillites, M. Boulay-Paty, déjà cité, ajoute :

« L'on voit des faillites, dont la liquidation devrait être terminée dans peu de temps, se perpétuer dans le cours de plusieurs années au détriment des créanciers et des intérêts du commerce. *On serait parfois tenté, dans de semblables occurrences, de regretter la création d'une partie publique* près les tribunaux de commerce, si cette institution, que nous avons nous-même combattue dans nos observations sur le projet de code, ne produisait pas en somme à l'industrie nationale, plus de *mal* que de *bien*. — En effet, l'introduction d'une partie publique dans les tribunaux de commerce *dénaturerait la simplicité de cette institution,* et ce magistrat *perpétuel* dans une autorité amovible *exercerait une influence dangereuse sur le tribunal* ».

Outre que l'auteur s'est complétement exagéré les inconvéniens pour ne tenir compte d'aucun des avantages que présente une telle institution ; outre qu'il reconnaît, au surplus, que la marche suivie est à ce point vicieuse et livrée aux abus d'un réglement sans fin, qu'on serait tenté de regretter l'absence d'une partie publique dans de tels cas, nous devons prendre acte de l'aveu qu'il fait dans le cours de son examen, qui consiste à reconnaître que « si l'on se relâchait — je reproduis exactement les termes de son observation — de la prévoyante sévérité du code de commerce, l'on retomberait dans tous les abus qu'entraînait l'ancienne législation et que la loi nouvelle tend à corriger. » — Or, c'est à ce point qu'en sont les choses. L'on a pu voir, en effet, par tout ce qui précède, que la loi actuelle, loin d'apporter aucun changement à ce qui se passait, semble assister au développement sans cesse croissant du système de fraude et de désordre que le législateur avait cru faire disparaître en grande partie. — Deux ans après la mise en vigueur du code de commerce, les agens et syndics remettaient au magistrat de sûreté, nous l'avons établi, des états de situation mensongers et qui, à mon avis, eussent dû les rendre poursuivables du chef de complicité de banqueroute frauduleuse (1). — L'abus est donc flagrant; la fraude, le dol et la spoliation ont continué à intervenir et réduit à rien l'influence salutaire du régime substitué à la législation de 1673. — C'est un fait avéré. Or, c'est à la continuation de ce déplorable état de choses qu'il faut chercher un remède efficace. Ce remède, nous ne le trouvons que dans la rigoureuse observation de la loi qui sera faite, c'est-à-dire dans une disposition qui placerait cette loi sous la garde spéciale et surtout immédiate du magistrat qui est préposé au maintien de l'ordre public.

Je dis que cette surveillance de la partie publique doit être *immédiate ;* j'insiste particulièrement sur ce point sans attacher aux mots dont on se sert pour combattre cette innovation, — car c'est avec des mots qu'on a cru faire raison d'une pensée qui méritait un examen sérieux — plus d'importance qu'ils n'en ont en réalité. — On a peine à concevoir, en effet, une partie publique qui veille, qui manœuvre à distance ; qui, ne pouvant communiquer franchement avec une juridiction exceptionnelle placée hors de portée, est réduite à des ménagemens sans nombre et qui se trouve dès-lors complétement paralysée. Si l'on joint à cela que cette partie publique est libre de se mettre en mouvement ou de s'abstenir, on comprendra les fâcheux effets qui résultent d'une position aussi fausse, aussi

_____

(1) L'on n'aurait pas vu se reproduire indéfiniment des abus de ce genre, si, conformément à l'opinion émise par M. Réal au conseil d'état, le devoir des agens et syndics avait été clairement tracé, et si une sanction pénale sérieuse était venue en assurer l'accomplissement. — M. Siméon crut répondre en objectant que les agens seraient responsables comme les *curateurs aux successions vacantes.* Responsables de quoi, et vis-à-vis de qui ? Il ne s'agit pas ici d'intérêts civils froissés et qui attendent une réparation ; c'est envers la société, envers l'ordre public, que le syndic qui abuse de la confiance qui lui est accordée, se rend coupable par ses rapports tardifs et mensongers. — L'art. 482 du nouveau projet de loi est tout aussi défectueux que la législation actuelle. Il prescrit aux syndics la remise du mémoire ou compte sommaire de l'état de la faillite, mais sans faire encourir aucune peine à ceux qui éluderont cette obligation, soit par une remise tardive, soit en dressant des états de pure forme et *comprenant quatre lignes d'écriture,* comme il est arrivé à plus d'un procureur du Roi d'en recevoir. — L'art. 593 de la loi nouvelle devrait, et ce serait plus sûr de moitié, atteindre les syndics en intelligence aussi déplorable avec le failli, et les rendre passibles de poursuites sérieuses.

équivoque. — Et qu'est-ce, je le demande, que la partie publique, sinon l'œil qui veille activement à l'exécution des lois en vigueur ? Or, n'est-il pas de l'essence de tout pouvoir qui doit veiller sur les faits de chaque jour, observer ce qui se passe, que sa surveillance soit facile, qu'elle puisse s'exercer activement et se porter sur tous les points qui présentent comme menacées la loi, la société ? — Et depuis quand l'ordre social n'est-il pas en cause dans tout exercice de la puissance judiciaire, par cela seul que cette puissance fonctionne au milieu d'attributions exceptionnelles ? Depuis quand est-il désintéressé dans ces débats solennels qui touchent à toutes les pensées du législateur, qui soumettent la loi à tous les tiraille-mens, et qui ne se déroulent, qui ne se produisent qu'à la condition de rendre constamment hommage à la loi, cette haute manifestation de l'ordre, du sentiment public ?

Ah ! s'il est un spectacle fait pour exciter la surprise, c'est celui que présente une magistrature appelée à se prononcer sur l'existence de la loi, et qui statue en l'absence et comme en suspicion des garans naturels de cette mesure d'ordre public.

Aussi, ce ne sont pas les modifications qu'on propose sur ce point qui sont étranges, qui forment innovation, mais bien le droit actuel qui a innové, dérogé sans nécessité à ces nécessités sociales. Qu'on mette un moment en présence les garanties de moralité, d'ordre bien entendu qu'offre la tenue des juridictions auprès desquelles la loi, la société ont leur représentant, leur défenseur légal ; qu'on les compare avec les particularités qu'une juridiction privée de l'assistance d'une partie publique présente souvent à nos regards, et l'on sera surpris des conséquences qui sont résultées d'une telle lacune (1).

S'agit-il devant les juges consulaires d'un désaveu de signature, d'un acte argué de faux — et ces cas se présentent fréquemment, — où est le magistrat qui mettra en demeure l'une des parties de s'expliquer catégoriquement pour faire, suivant que cela est nécessaire, des réquisitions sérieuses ? L'auditoire reste muet, et le scandale n'a d'autre résultat que d'affliger les juges et le public de ce que de semblables griefs puissent impunément être articulés : la majesté de la justice en est

(1) C'est surtout par l'esprit qui l'anime que la juridiction commerciale me paraît recommandable. Ce penchant qu'éprouvent les magistrats qui la composent à se décider par des considérations d'équité le plus possible, est la conséquence du mode de composition adopté, mode qui fait du juge un magistrat complet, un juge-juré. — Le vice que je signale n'implique donc point contradiction avec ce que j'ai dit ailleurs.

blessée (1). Ce n'est pas tout. Les cas d'extorsion de signatures, de violences employées pour obtenir un titre, des valeurs quelconques, sont plus d'une fois déroulés devant la juridiction ordinaire, et il n'est pas rare de voir les difficultés soulevées aller définitivement s'éclaircir en police correctionnelle ou en cour d'assises : il est vrai que le ministère public est là ; il veille, il prend acte de tous les aveux, de toutes les révélations qui réclament un plus ample informé. Or, pour les affaires en dernier ressort, où sont les garanties que présente à l'ordre public, dans des cas semblables, l'organisation actuelle des tribunaux de commerce ? C'est toujours sur la dénonciation privée qu'il faut se reposer. Je pourrais ainsi parcourir les divers ordres de délits, de crimes, dont le germe est souvent renfermé dans une contestation commerciale, sans qu'il soit possible d'évoquer le débat et de le mettre aux prises avec la seule loi qui lui soit applicable, le code pénal ; je pourrais signaler les marchés dans lesquels l'immoralité des accapareurs éclate et se produit sans crainte ; je montrerais les entremetteurs naturels du commerce faisant, en violation de la loi, des affaires pour leur propre compte sans qu'ils appréhendent d'autre solution qu'une annulation de marché, les choses n'allant pas plus loin en général. Et tout cela éclate, tout cela se produit avec assurance devant les magistrats consulaires, tout cela insulte constamment à la loi, parce que la loi est absente, parce qu'elle est chassée — prodigieux non-sens ! — de l'enceinte où l'on ne parle qu'en son nom (2) !

Ainsi, ce ne serait pas seulement à l'occasion des faillites qu'il conviendrait de donner à la moralité publique les garanties, les moyens d'action

---

(1) Une courte expérience m'a déjà rendu plusieurs fois témoin d'aussi déplorables incidens. — Si l'on objecte que la voie de la plainte est ouverte à celui qui argue de faux le titre produit, je réponds qu'il est reconnu que cette voie répugne d'autant plus à l'intérêt privé, qu'il s'agit d'un fait grave et que la loi pénale frappe avec une rigueur excessive. — C'est donc sur les magistrats préposés à la garde des lois et de l'ordre qu'on peut seulement se reposer, dans de telles circonstances, du soin de poursuivre convenablement le fait articulé. — Assez de faits semblables passent inaperçus par suite de la défaveur qui s'attache au dénonciateur même fortement lésé, sans qu'on ajoute aux difficultés qu'éprouve souvent le ministère public à constater directement des abus aussi condamnables. Il faut évidemment agrandir, au lieu de le restreindre, le cercle dans lequel s'exerce cette précieuse surveillance.

(2) Je ne m'explique pas qu'un professeur à la faculté de droit de Paris, un homme familiarisé, comme doit l'être M. Bravard-Veyrières, avec les principes généraux de la législation, ait pu traiter avec tant de légèreté les opinions qui, depuis trente ans, se montrent favorables à la création d'une partie publique près les tribunaux de commerce. M. Bravard-Veyrières, en examinant la loi des faillites, présentée en 1835, s'est livré à des appréciations si exactes, si re-

et de surveillance sans lesquels nul ordre n'est possible, nulle législation n'est respectée ; c'est dans l'intérêt de la loi, et de la loi commerciale par-

---

commandables à plus d'un titre, que je regrette de trouver dans son écrit un passage peu digne, à tous égards, de son auteur. Voici ce fragment :

« Et qu'il me soit permis de le dire, l'on ferait droit ainsi », — l'auteur propose un moyen auquel je me suis également arrêté, et qui me paraît, comme je l'établirai en son lieu, devoir être d'un bon effet, — « de la seule manière possible, à ce qu'il peut y avoir de vrai dans les réclamations de ceux qui, sans *se donner la peine d'y regarder de plus près*, n'ont cessé de crier que tout le mal venait de l'inobservation de la loi, *et qui n'ont rien imaginé de mieux*, pour y remédier, que l'institution d'un ministère public près les tribunaux de commerce : comme si, transportée hors de sa sphère naturelle, cette dispendieuse institution ne deviendrait pas gênante et tracassière ; comme si elle pouvait, dans tous les cas, donner aux syndics l'intelligence, les lumières et l'expérience qui leur manquent généralement, le zèle, l'activité et le loisir nécessaires à la prompte apuration de la faillite, et, enfin, leur inspirer une impartialité qu'on ne saurait attendre raisonnablement que d'administrateurs n'ayant personnellement aucun intérêt engagé dans la faillite. » (Paris 1836. — Bravard-Veyrières, page 96).

Le tort de M. Veyrières n'est pas assurément *de n'avoir pas regardé d'assez près* la question soulevée ; je crois même qu'il l'a regardée de si près qu'il a fini par ne plus rien voir, ainsi que cela arrive à ceux qui, au lieu de juger d'ensemble, ne savent apprécier les choses que dans leurs détails pris isolément. — Autant d'assertions, autant d'erreurs ou de questions déplacées, ce qui revient au même. Je laisse de côté les qualifications d'institution *dispendieuse*, gênante et tracassière dont j'ai tâché, dans le cours de cet exposé, de réduire le mérite à sa juste valeur. De telles insinuations doivent surprendre, je le répète, chez un homme à qui les allures de la justice sont connues, et qui peut juger sainement de ce qui se passe.

Je dirai donc qu'il ne s'agit pas de donner aux syndics *l'intelligence* dont ils peuvent manquer ; mais le *zèle*, l'activité nécessaires, et qu'un magistrat habitué à veiller à toutes les nécessités de l'ordre public, est autrement propre qu'un juge-commissaire à remplir une telle mission. J'ajouterai que *l'impartialité* des syndics gagnera à être ainsi surveillée ; je termine en reconnaissant qu'il y aurait une sorte de déraison à compter *exclusivement* sur l'intervention d'un tel magistrat pour faire que la faillite fût gérée convenablement et pût arriver à prompte solution. M. Veyrières n'a pas supposé sérieusement que ceux qui ont sur cette matière quelques vues de réforme, soient bornés à l'indication d'un tel moyen, — Qu'il me soit permis, à cette occasion, d'exprimer mon étonnement de ce que des hommes de loi, alors qu'ils craignent qu'on dénature l'institution commerciale en lui adjoignant une partie publique, conçoivent qu'une cour royale prononce sur des faits de commerce dont la juridiction consulaire est saisie en premier ressort. — Il faudrait au moins se montrer conséquent lorsqu'on est aussi vivement touché des immunités d'une juridiction exceptionnelle.

ticulièrement, qu'un magistrat devrait veiller de près à la stricte exécution . de ce qui est prescrit (1).

Pour ce qui est des objections suscitées par la proposition faite à diverses fois d'un retour au droit commun sur ce point si intéressant de notre législation, nous avons été peu frappé de leur véritable portée. Suivant M. Boulay-Paty, l'introduction d'une partie publique près les tribunaux de commerce *dénaturerait la simplicité de cette institution*. — Il faut d'abord mettre en fait que l'institution de la juridiction consulaire, si simple originairement, a vu étendre fort loin ses attributions par la loi de 1790; d'où suit que cette institution s'est compliquée. Pour peu qu'on soit versé dans l'étude de l'ancienne législation, l'on peut se rappeler, en effet, que la connaissance des faillites et des incidens qui se rattachent à ce fait se trouvait placée dans les attributions, non des juges et consuls, mais des *juges royaux ordinaires ;* et cela, pour le dire en passant, n'était peut-être pas si mal réglé en principe d'ordre général (2). Quoi qu'il en soit, de ce fait résulte la preuve que la loi de 1790 a compliqué singulièrement, et du reste fort sensément, le jeu de la machine consulaire. Voit-on pour cela que cette juridiction soit faussée, gênée dans ses mouvemens? Point. Lorsque la vie d'un peuple se complique, lorsqu'il étend

(1) En insistant aussi vivement sur ce point, je crois utile de faire remarquer que mes opinions politiques ne sont pas de celles qu'on accuse d'être trop favorables à l'ordre public. — On se trompe toutefois si l'on croit qu'il puisse exister un parti qui ne sente pas la nécessité de ramener la politique à des vues d'ordre général. L'habileté du législateur consiste à mettre la loi si complétement d'accord avec le sentiment public et les nécessités du temps, qu'elle paraisse un pur reflet de l'époque pour laquelle elle est faite. Alors la loi est une mesure d'ordre, et non un élément anarchique jeté au sein de la société pour la démoraliser et la pousser à tous les excès. C'est ainsi que la législation agit sur les mœurs. — Le vol, l'escamotage, sont de ces plaies honteuses contre lesquelles la loi doit être d'autant plus vivement dirigée, que ces faits habitent les hautes régions, et qu'ils sont à l'ordre du jour. — Je ne connais, quant à moi, aucun parti qui puisse voir d'un œil indifférent de telles infamies.

(2) « Les juges et consuls, dit Jousse, sont incompétens pour connaître de ces sortes d'homologations. » — Il entend parler des délibérations à fin de concordat. — « Elles doivent être poursuivies devant *les juges ordinaires.* Il faut cependant observer, à l'égard de ces homologations, et même des faillites et banqueroutes, qu'il y a eu un temps où la connaissance en a été attribuée aux juges-consuls ». L'auteur cite les déclarations de 1715-1716 et suivantes, portant dérogation successive au droit commun jusqu'en 1733, « époque, ajoute-il, où l'attribution ayant discontinué d'être accordée aux juges-consuls, les choses sont *rentrées* dans l'ancien état, et la connaissance des faillites a continué d'appartenir aux juges ordinaires. » (Comment. de l'ord. de 1673. Art. VII, tit. XI.)

loin son influence, son activité, il faut de toute nécessité que les institutions subissent des changemens analogues. C'est ainsi qu'il est hors de doute que les anciennes attributions des juges et consuls seraient loin de suffire aujourd'hui au mouvement, à l'activité du commerce. Les temps sont changés, et le cercle a dû être agrandi par suite. — Eh bien ! ce qui s'est passé il y a moins d'un demi-siècle au sujet des attributions consulaires, doit faire comprendre les nécessités de l'ordre actuel ; ces nécessités ont pris plus d'importance par suite de la multiplicité des affaires et de leur extension croissante. Le temps présent a donc ses exigences, ses conditions de salut. Or, ce sont ces besoins inconnus au passé qui appellent des moyens d'action tout nouveaux. Voilà comment les lois, en se succédant, en suivant la marche des choses, subissent des modifications indispensables. — Ainsi dire que c'est *dénaturer* l'institution commerciale que de placer auprès d'elle un magistrat, gardien sévère de la loi, c'est n'articuler en définitive aucun reproche sérieux. La question n'est pas de savoir si l'on dénature une juridiction, mais si la modification qui vient l'atteindre est réclamée par les besoins du moment, si la forme ancienne est insuffisante et ne correspond plus aux exigences du temps présent. — Je ne fais nul doute, quant à moi, qu'il ne soit grandement temps, dans l'intérêt de l'ordre, de retourner au droit commun par la création d'une partie publique auprès des tribunaux de commerce.

Et qu'on ne dise pas que le magistrat placé en contact avec la juridiction consulaire formera une choquante disparate. Ce qui choque dans l'enceinte où la justice est rendue, c'est de ne voir nulle part la loi représentée, c'est de la trouver absente et sans organe. — Je comprends fort bien, pour ma part, l'idée d'une juridiction procédant, je ne dirai pas sous la surveillance, — des juges ne relèvent que d'eux-mêmes, — mais fonctionnant sous les auspices de la loi, dont la partie publique doit être considérée comme l'exacte personnification. — Juridiction civile, juridiction criminelle et correctionnelle, civile ou militaire, juridiction de simple police, juridiction commerciale, partout, là où s'agitent des intérêts qui touchent de près à l'ordre social, la loi doit être représentée de manière à pouvoir combattre efficacement tout ce qui tend à l'annuler (1). — Cela, dit-on, embarrassera la marche des affaires. — Voit-on que la partie publique prenne part aux débats civils autrement que dans les questions d'état, de tutelle, de faillite et autres faits qui se lient à l'ordre public ? Et cependant elle le pourrait, elle en a le droit. Nul ne remarque que je sache

---

(1) Je ne connais que le tribunal de paix, lorsque le juge statue en matière civile, et non comme juge de simple police, qui puisse sans inconvénient être privé de l'assistance d'une partie publique.

son humeur tracassière ; aussi, l'embarras qui résulte de l'*assistance* du ministère public à un débat d'intérêt purement privé se réduit à peu de chose. Eh bien ! c'est un rôle de simple assistance, mais à titre de *surveillant,* dans l'intérêt de l'ordre, qu'il suffirait, selon nous, d'assigner au magistrat placé auprès de la juridiction consulaire, et cette circonstance aura pour effet inévitable d'assurer le respect de la loi. Une telle institution aurait naturellement dans ses attributions la surveillance des faillites, leur prompte déclaration, leur prompte liquidation, l'examen de tous les détails, de tous les incidens qui se mêlent à cette cause générale de ruine et de discrédit. — Que si enfin l'on venait objecter qu'il résultera de cette innovation une charge pour le trésor, je dirai que rien n'est moins sérieux qu'une telle observation. Certes, ce serait chose peu regrettable qu'un pareil sacrifice. Tout le monde comprend, en effet, que fonder la garantie mutuelle dans le commerce, c'est établir le crédit sur des bases larges et solides ; c'est, en définitive, ajouter à la prospérité des affaires, et accroître la richesse de l'état par cela même que celle des particuliers augmente. L'argent des contribuables ne peut recevoir une meilleure destination. — Du reste, et pour ne pas compliquer sans nécessité l'organisation judiciaire actuelle, pour que le ministère public pût fonctionner avec l'unité désirable, la partie publique près les tribunaux de commerce se rattacherait à l'institution des procureurs du Roi, dont elle dépendrait, et dont elle formerait une portion déléguée. Ainsi tout viendrait aboutir à un centre commun d'action. Seulement, au lieu d'être changé annuellement, ainsi que cela résulte du roulement judiciaire pour tous les magistats, le fonctionnaire désigné serait attaché pendant trois ans, par exemple, à la juridiction commerciale. — Ce changement est motivé sur l'intérêt qu'il y aurait à faciliter la prompte solution des faillites, en renouvelant le moins possible les élémens qui se trouvent mêlés à ces sortes d'affaires, et qui en posséderaient tous les secrets.

Que si, malgré tout ce qu'une semblable innovation a de rationnel, de véritablement conforme aux principes d'ordre et de bonne législation qui doivent régir toute société, l'institution d'une partie publique constitue un de ces faits qui ne peuvent être encore bien compris au temps où nous vivons, il faut du moins reconnaître que la matière des faillites, source de scandale, de fraudes et de discrédit, touche par tant de points aux grands intérêts de la société, à la fortune, à la considération du commerce, que l'intervention d'un magistrat spécial, garant naturel de l'ordre, est commandée par les besoins actuels. Cela est si vrai, la nécessité d'une telle création est si généralement sentie, que le commerce l'appelait de tous ses vœux il y a trente ans, et qu'aujourd'hui, parfaitement éclairé sur le bien qu'on peut attendre de l'institution du juge-commissaire, il sollicite vivement la création d'un *magistrat des faillites*, surveillant légal et rigoureux de ces faits affligeans (1). Du reste, c'est à ces exigences que le Conseil d'état impérial avait cru suffisamment répondre par l'établissement du juge-commissaire, et la pensée de l'institution d'une partie publique se retrouve dans un semblable établissement. Ainsi la loi et l'opinion sont d'accord en ce point qu'il faut à la faillite un surveillant légal qui active sa marche, qui prévienne les fraudes, et qui puisse surtout assurer la stricte observation des mesures prescrites dans l'intérêt de l'ordre.

« La fonction sévère de scruter la conduite du failli, disait M. Bigot-Préameneu pendant la discussion au Conseil d'état, est une fonction de *magistrat* qui ne saurait être attribuée à de simples curateurs, comme on les propose. — Aussi, en Angleterre, en Hollande, ces agens ont des pouvoirs *judiciaires* et administratifs. Les premiers rédacteurs du projet étaient préoccupés de cette idée, lorsqu'ils ont proposé l'établissement d'un commissaire du gouvernement près les tribunaux de commerce ».

Ce n'est donc point *légèrement* qu'on s'est rallié de nos jours, ainsi que le prétend si mal à propos M. Bravard-Veyrières, à cette opinion que la matière des faillites réclame l'assistance, l'intervention d'un représentant de l'ordre et de la loi. De bons esprits avaient compris cette nécessité il y a long-temps, et cela se conçoit. C'est beaucoup, il est vrai, d'accélérer la marche de la faillite, d'en simplifier le mécanisme; mais, à part cela, il y a la moralité du fait, son début, les divers incidens dont il se complique, qui mettent en cause l'ordre social tout entier ; or ce point mérite qu'on le soumette à un examen, à des investigations sérieuses, parce qu'ainsi que le disait si bien Napoléon : « Un seul soin préoccupe les créanciers, *c'est de retirer de leur créance le plus qu'il leur sera possible* (2) ». Pensée profonde et lumineuse qui aurait dû être un trait de lumière, mais qui

___

(1) C'est à cette pensée que se rattache le commerce de Toulouse dans son mémoire à la Chambre des députés, innovation que recommandent les plus sages considérations. — Nous ne sommes pas aussi vivement frappé que les signataires de ce précieux document, de l'idée d'une *collision possible* entre des magistrats *de caractères divers et relevant, ici de leur conscience, là d'un ordre hiérarchique* qui veut être obéi. — Si la partie publique devait se mêler comme partie active à toutes les contestations, je comprendrais l'inconvénient signalé ; mais c'est un simple droit d'*assistance* dans l'intérêt de tout ce qui touche à l'ordre et à la moralité publique, qu'il s'agit de créer au profit du représentant naturel des intérêts sociaux. Vainement on cherche à se faire illusion là-dessus ; les mots ne servent de rien. Il sera toujours de la plus haute inconséquence que la loi soit sans défenseur, sans organe avoué là où peuvent être mises en question ses prescriptions d'ordre général les plus sérieuses.

(2) Locré, Procès-verb. du Conseil d'état, tom. 19.

brilla comme un éclair dans une seule tête sans autrement illuminer ceux auxquels parlait le grand homme. — Voilà le fait immense dont nous partons lorsque nous signalons comme une nécessité la création d'un magistrat, partie déléguée, à titre général ou spécial, du ministère public ; mais dans tous les cas se rattachant à cette institution d'ailleurs si remarquable, si bien fondée en raison lorsqu'on veut l'examiner de près ; fait irrésistible et puissant dont la nouvelle loi présentée ne tient nul compte, persuadée sans doute que l'institution du juge-commissaire répond à tous les besoins et qu'elle est de nature à faire taire toutes les appréhensions. — C'est ainsi qu'alors qu'il est question de statuer sur le présent, le passé est compté pour rien.

L'examen qui suit doit porter sur les autres conditions d'ordre élevé qui seules peuvent dépouiller la faillite de tout caractère *équivoque*, afin qu'elle ne puisse plus paraître que ce qu'elle est en réalité : le résultat de l'inconduite, de la fraude, dans certains cas ; dans d'autres, un malheur déplorable, mais qui, par cela seul qu'il laisse l'estime de lui-même à celui qui en est frappé, ne saurait le flétrir aux yeux de ses semblables.

CHAPITRE IX.

CONTINUATION DE L'EXPOSÉ DES VUES ET DES MOYENS D'EXÉCUTION. — DES LIVRES CONSIDÉRÉS COMME ÉLÉMENT INDISPENSABLE ET SINCÈRE DE TOUTE COMPTABILITÉ.

Obligé de se déclarer en faillite dans un délai très-court, s'il ne veut être puni de la prison, rien ne s'opposerait, dans l'ordre proposé, à ce que le débiteur rendît ses créanciers complétement victimes de sa fraude. Ses livres peuvent présenter sa situation sous un faux jour, sous des dehors mensongers. Or, les livres d'un négociant, c'est le miroir de ses affaires ; c'est, à proprement parler, le procès-verbal quotidien de ses opérations. Par eux l'on entre dans les secrets de la faillite, l'on est initié à la connaissance de ses diverses causes. Suivant ce qu'ils racontent, la faillite apparaît comme le résultat de l'inconduite ou seulement du malheur, indépendamment de ce qu'ils constatent clairement l'état d'insolvabilité proclamée. — Les livres, c'est donc, au moment où cette insolvabilité éclate, un moyen d'appréciation important, car ils sont la base du jugement qu'on doit porter sur le débiteur et sur sa manière d'opérer.

D'après cela , on comprend que ce serait ne rien faire que de forcer le débiteur à déclarer son insolvabilité aux premiers signes d'embarras non équivoque qu'il donne , si, après avoir prescrit la tenue de certains livres, la loi ne parvenait , par des dispositions bien entendues , à s'assurer de leur sincérité. Quoi de plus facile , en effet , pour celui qui voudrait masquer des dépenses exagérées , des pertes immorales , des emprunts tardifs et frauduleux , que de faire courir un double mensonger de ses livres , et de paraître ainsi, au jour de la déclaration effectuée dans le délai voulu , exempt de tout reproche ? Cela s'est vu plusieurs fois , et j'ajoute que de tels faits seront fréquens le jour où , la loi rendant la déclaration de faillite forcément instantanée , le débiteur insolvable se verra enlever le temps et les moyens nécessaires pour faire dresser des livres appropriés à la circonstance. Et , certes , dans un ordre de choses où , pour le dire en passant, il n'existerait aucune surveillance sérieuse, aucun magistrat spécial qui pût , par des enquêtes bien dirigées , s'assurer que cet exposé est d'accord avec les registres des commerçans qui se sont trouvés en rapport d'affaires avec le failli, ces doubles frauduleux pourraient être produits en toute assurance, ils feraient pleine foi (1). — Voilà

---

(1) Je demanderai si ce sont des agens et des syndics qui peuvent exercer , dans toute sa rigueur , ce droit d'enquête et de contrôle , ou bien si la surveillance attribuée au juge-commissaire remplit, sur ce point, le vœu de la loi ? — On me répondra que l'art. 489 du code de commerce donne au magistrat de sûreté le droit d'intervenir, et que c'est là une garantie suffisante. D'abord il faut remarquer que cet article ne fait nullement une obligation à la partie publique d'*assister* à l'inventaire , à la rédaction du bilan ; or, sur ce point capital , même observation que sur l'article qui laisse la partie publique maîtresse de poursuivre ou de s'abstenir en cas de violation de l'art. 440. Ce n'est pas *pourra* assister qu'il fallait dire, mais *assistera*. Le Tribunat l'avait bien compris, et je ne m'explique pas que sa rédaction n'ait point prévalu sur celle du Conseil d'état. L'article 483 du nouveau projet tombe dans le même inconvénient : les officiers du ministère public *pourront*, y est-il dit, assister , etc. — Mais je suppose que la partie publique se transporte au domicile du failli pour assister à tous les préalables et s'enquérir convenablement; eh bien ! cela peut n'aboutir à rien, ainsi que surent le prouver, au Magistrat de sûreté de Paris , les agens et syndics en 1810. M. Vincens nous apprend que , fatigués de l'assistance de la partie publique , les directeurs des faillites finirent par transporter le siége des opérations *hors du domicile du failli* , rendant impossible , par ce moyen , l'assistance du ministère public , et par suite toute investigation salutaire. — En conséquence , force fut au magistrat de sûreté de se renfermer dans son parquet et d'attendre les rapports édifians de l'agence ou du syndicat. La loi , on le sait, ne parle que du domicile du failli dans lequel la partie publique a seulement *la faculté* de se transporter. A cela se réduisent les

comment la prompte déclaration de la faillite peut n'aboutir à rien de véritablement avantageux. — Autre inconvénient :

Un négociant n'a pas tenu de livres , ou bien les dépenses de sa maison sont telles qu'il est intéressé à ne pas produire ceux qu'il a. S'il se déclarait sous les trois jours de la cessation de paiemens, il s'exposerait à des poursuites en banqueroute simple, ou même frauduleuse, pour peu que sa comptabilité fût scrutée avec soin. — Dans cette situation, n'ayant pas le temps nécessaire pour confectionner des livres parfaitement favorables , il se trouve placé entre la crainte d'un emprisonnement assez court , s'il met quelque retard à se déclarer en état de cessation de paiemens , et le danger d'une condamnation qui peut le flétrir du titre de banqueroutier : de ces deux inconvéniens, le négociant choisira le moindre ; en conséquence il retarde sa déclaration , et achète, moyennant un mois de prison , peine qui n'a rien d'infamant , le précieux avantage de se mettre en règle avec le ministère public sous des rapports bien autrement graves. Les livres qui doivent le sauver, le justifier pleinement, seront produits en temps opportun, et le débiteur obtiendra , grâce à eux , de nombreuses marques d'intérêt. — Aujourd'hui c'est ainsi que les choses se passent assez ordinairement.

Il peut donc arriver, non-seulement que l'observation scrupuleuse de l'art. 440 soit une formalité vide de sens, considérée comme moyen d'appréciation de la conduite du débiteur , mais que celui-ci soit intéressé à violer la loi en ce point pour se créer une position favorable et digne d'intérêt. — D'où l'on voit que les livres, véritable pivot sur lequel est montée toute l'*opération* d'une faillite, — je me sers à dessein de ce mot, — peuvent seuls conduire à l'appréciation véritable des torts du débiteur, de sa moralité, et qu'ils doivent, à ce titre, exciter toute l'attention du législateur.

C'est à cet ordre d'idées qu'avait rendu hommage l'ancienne législation, lorsque, après avoir prescrit, par les art. 1, 2, 4 , 5, 6 et 7 de son troisième titre , la tenue de certains livres avec apposition des signature et paraphe d'un magistrat consulaire, l'admirable édit de 1673 rendait, dans le titre XI, passible de poursuites en banqueroute frauduleuse tout négociant ou marchand failli qui ne représenterait pas ses livres ainsi tenus, et qui ne les *déposerait pas au greffe des juges et consuls* sitôt la déclaration faite de son état d'insolvabilité. « Cette disposition, dit Jousse au sujet de la signature des consuls rendue obligatoire par le titre III, avait été établie pour éviter les *falsifications et doubles registres,* dont il

moyens d'enquête qui sont mis à la disposition du ministère public. — On éviterait tous ces inconvéniens par l'institution d'une magistrature spéciale dont les attributions seraient nettement définies et dès-lors respectées.

est arrivé plusieurs fois des exemples... Il serait à désirer, ajoute-t-il plus loin, que cette disposition *fût observée plus exactement qu'elle ne l'est* (1). » Plus tard, une déclaration de 1716, confirmant les dispositions du titre XI, prescrivit rigoureusement le dépôt des livres du failli *au greffe des juges et consuls;* elle menace le débiteur de poursuites sévères en cas d'inobservation de la loi sur ce point, et, du reste, lui interdit toute sorte de transaction avec ses créanciers jusqu'à parfaite exécution de ce qui est prescrit (2).

Le code de commerce de 1808 ne pouvait manquer de faire de sages emprunts aux anciens édits. Les articles du titre II ne sont que la reproduction des principaux moyens indiqués par l'ordonnance de 1673 pour assurer la sincérité de toute comptabilité commerciale. Il est seulement déplorable que, par suite d'une fiscalité mal entendue, le peu d'importance que tout négociant honnête et en cours de prospérité attache à l'exécution de la loi sur ce point, se soit changé en vive répugnance, et que les articles relatifs au visa et au paraphe soient en général méconnus, ainsi que nous en avons fait la remarque il y a peu de jours. Or, c'est à ce grave inconvénient qu'il faut remédier. Quelque difficile que soit cette tâche, il faut du moins reconnaître que les modifications introduites dans la loi de finance qui disposait sur le timbre des livres de commerce, tendent à favoriser un retour complet à l'observation des formalités du visa et du paraphe (3) Pour régler ce point délicat, le moment est donc opportun. — Dans ce but il convient d'entrer franchement en situation, c'est-à-dire de se rattacher aux véritables principes qui régissent la matière, et d'en déduire de conséquences rigoureuses (4).

---

(1) Jousse, Comment. de l'ord. de 1673. Art. III et IV du tit. III.

(2) « Faute de ce, est-il dit, les marchands, négocians, banquiers et autres ne pourront être reçus à passer avec leurs créanciers aucun contrat d'atermoiement, concordat, transaction ou autre acte, ni obtenir aucune sentence ou arrêt d'homologation d'iceux.... » (Déclar. du 13 juin 1716.)

(3) L'art. 4 du tit. I.er de la loi du 20 juillet 1837, portant fixation du budget des recettes de l'exercice de 1838, affranchit, comme on sait, les livres de commerce de l'obligation du timbre. Cet impôt, qui était un obstacle au *visa* indépendamment de ce qu'il grevait la faillite d'une forte amende pour tout livre de commerce non timbré, se trouve remplacé par l'addition à la patente de 3 centimes additionnels. L'ordre et le trésor gagnent à ce changement, car le nouvel impôt produira plus de 87,000 f. Il résulte des documens qui accompagnent le budget des recettes que, dans ces derniers temps, l'état retirait à peine cette somme de l'apposition du timbre aux livres de commerce.

(4) Les principes d'ordre qui ont motivé la plupart des dispositions du code de commerce ont fini par être si complétement perdus de vue, que je regarde comme un devoir de mettre dans tout son jour la pensée du législateur. — Il n'y a

Que fait le négociant qui, après avoir demandé au crédit, à la foi commerciale, les instrumens de trafic indispensables, finit par éprouver des embarras qui l'empêchent de faire face à ses engagemens ? Il trompe l'espoir du commerce, il cause des pertes et un notable préjudice à ceux qui, sous la garantie de la foi publique, lui ont fait l'avance de ce qui lui était nécessaire. Ce ne sont pas les considérations de fortune qui ont déterminé le négociant que son insolvabilité frappe à lui venir en aide ; l'on a suivi sa foi personnelle, l'on s'est livré à discrétion, persuadé qu'aucun dommage n'était à craindre. Dans ces circonstances, et contre toute attente le dommage advenant, que doit faire l'auteur du préjudice causé ? Il est tenu — et cela sous peine de manquer à sa dignité d'homme — de prouver qu'il possède en réalité moins qu'il ne doit, que son insolvabilité est réelle ; il doit en expliquer les causes, en dérouler les incidens de la manière la plus franche et la plus nette ; car il a cessé, par le défaut de paiement de son dû, d'être placé sous la garantie de la foi publique à laquelle dès-lors il ne peut plus rien demander. Le moment est venu de compter avec ceux qui perdent et qui, par cela même que leur attente est cruellement trompée, ont le droit de savoir tout ce qui s'est passé (1). — Où est le tableau de cette vie commerciale et privée tout à la fois, car les ressources de la première ont alimenté l'autre, se sont mêlées à ses moyens d'action ; où sont les livres ?

Ainsi apparaissent inséparables, en matière de crédit commercial, le fait de l'insolvabilité et l'obligation de prouver que cette insolvabilité est réelle, qu'elle s'explique et s'étend jusqu'à tel ou tel point. — Les livres, c'est donc un moyen de justification obligé, et le créancier qui demande leur exhibition fait un dernier appel à l'ancienne foi commerciale de son débiteur ; c'est à elle et non aux fâcheuses suggestions du présent qu'il s'adresse : en conséquence, tout sera réglé par la mesure de garantie mu-

---

selon moi, aucune différence à faire entre l'époque où une loi d'utilité générale est méconnue, et le temps où, cette loi n'existant pas encore, l'on ne peut se rendre compte de la justesse et de la convenance des principes sur lesquels elle doit reposer. Pendant qu'ici l'on ne comprend pas, ailleurs on ne comprend plus, c'est-à-dire l'on a cessé de sentir l'utilité, la sagesse des prescriptions de la loi. Ces faits doivent être mis en même ligne et rendent un exposé de principes indispensable.

(1) C'est cette pensée que rendait en termes pleins de précision un jeune magistrat dont notre justice civile s'est enrichie, il n'y a pas long-temps, après l'avoir convenablement apprécié dans le poste difficile, lorsqu'il est compris, du ministère public. — Un commerçant c'est un *comptable*, ajoutait-il, dans le cours de l'entretien auquel donnait lieu entre nous cet exposé. — Rien n'est plus vrai et surtout mieux rendu

tuelle, — la loi, — de manière à ce que les livres, puisqu'ils sont un mode de justification obligé, soient un témoignage *sincère* de la position du débiteur, en remontant du présent au passé.

Voilà comment la recherche des principes de l'institution conduit à tout ce qui doit en régler le mécanisme. Exhibition de livres, et de livres sincères, à cela se réduit la loi du crédit commercial. — Cela posé, il faut examiner comment le commerçant qui ne remplit pas ses engagemens peut être strictement soumis à produire des livres qui présentent sa situation sous son véritable aspect. Point capital, et qui, convenablement réglé, aurait pour effet, ainsi que je l'ai fait pressentir, d'assigner à l'insolvabilité un caractère certain, déterminé ; de la présenter comme un malheur non mérité, ou comme le résultat de l'inconduite, de la fraude, et, dans ces derniers cas, d'appeler sur elle des rigueurs suffisantes pour empêcher le nombre de ces scandales de s'accroître par le spectacle de l'impunité.

Rien ne serait plus facile à réglementer que ce détail essentiel, si l'on n'était retenu, paralysé par cette grave considération, que le commerce, pour prospérer, a besoin d'air et d'espace, et qu'il faut craindre de gêner ses vives allures. Les lois de douanes et d'octroi statuent sur des particularités autrement délicates, et cependant l'on est parvenu à déjouer les calculs de l'intérêt personnel, fertile, comme on sait, en expédiens. — Ce qui importe toutefois, c'est de ne pas trop se préoccuper d'une pensée qui, si l'on s'en exagérait l'importance, conduirait par un autre chemin, par le triomphe incessant de la fraude, de l'ambition déréglée, du vol honteux, à la ruine du négoce, et cela plus sûrement que s'il avait été trop gêné dans ses allures. — Voici d'abord ce qui nous semble devoir être constaté en fait :

Le commerçant pouvant, s'il ne prend note de ses opérations de chaque jour, difficilement apprécier la consistance et la portée de ses ressources, savoir exactement ce qu'il peut et ne peut pas faire, il y a pour lui obligation de prendre acte de tout ce qui, dans le présent, vient sans cesse modifier sa position. — Des livres plus ou moins nombreux, de simples notes, suivant qu'il opère sur une échelle plus ou moins vaste, lui sont donc indispensables pour se rendre compte à lui-même de ce qu'il a de ce qu'il doit, indépendamment de ce qu'au jour de l'insolvabilité il est tenu de rendre un compte exact de sa vie commerciale.

D'où suit que le négociant qui ne représentera pas de livres au moment où son insolvabilité sera déclarée est doublement suspect ; à ce titre, il sera, de droit, en prévention de banqueroute simple, si d'ailleurs il n'est prouvé qu'il a caché ses livres. Quant à celui qui produit des livres appropriés aux besoins du moment et mensongers, une poursuite plus sérieuse doit l'atteindre. Tels sont les principes que consacre à peu près le code de commerce par les art. 593 et 594. — La loi nouvelle nous a paru, dans ses art. 586 et 591, régler ce point important d'une manière qui laisse beaucoup à désirer (1). — L'absence de livres est, au surplus, une circonstance si peu favorable, qu'elle se présente rarement par suite de la facilité avec laquelle on se procure le concours d'une comptabilité mensongère. C'est donc à ces livres dressés pour la circonstance qu'il faut s'attaquer; c'est cette fabrication clandestine qu'il faut poursuivre et déconcerter, car c'est la fraude, c'est le vol venant effrontément au secours du débiteur pour consommer plus sûrement la ruine de ses créanciers et le soustraire à toutes les rigueurs d'une pénalité méritée.

---

(1) Le projet sur les faillites, présenté à la Chambre des députés dans la séance du 15 janvier dernier, a distrait le cas de l'absence de livres de la juridiction des cours d'assises : cette innovation était commandée par la justice et par la nature des choses, l'absence de livres, lorsqu'il n'est pas prouvé que le commerçant les a cachés et soustraits, ne constituant pas une circonstance qui implique nécessairement intention frauduleuse. Mais si un tel fait n'a rien de déshonorant en soi, au moins faut-il reconnaître qu'il est *toujours* répréhensible ; car il ne permet pas d'apprécier exactement la position du failli, indépendamment de ce qu'il a pu contribuer à rendre cette position déplorable. Ainsi, ce cas doit être atteint d'une peine *inévitable*. — Or, la loi nouvelle, en le mettant au nombre des circonstances qui peuvent constituer le fait de banqueroute simple, assure par cela même l'impunité sur ce point. — L'absence de livres, pas plus que la déclaration tardive de cessation de paiemens, ne constitue absolument le débiteur en situation de banqueroute simple ; le projet le reconnaît si bien, qu'il ne dit pas *sera*, mais, *pourra* être déclaré banqueroutier simple le débiteur coupable de ces divers faits. — Placé entre le droit de flétrir le débiteur comme banqueroutier simple, pour de telles irrégularités, et la faculté de l'absoudre, le magistrat optera le plus souvent pour ce dernier parti, alors que cependant le failli a violé ouvertement la loi. — Cela n'arriverait pas si de semblables contraventions plaçaient le failli en prévention de banqueroute simple, sauf, et en cas de justification sur ce chef, à le rendre passible dans tous les cas d'une peine correctionnelle à titre de contravention constatée. — La loi pénale, pour être juste, doit *spécifier* le plus possible et statuer *séparément* sur chaque fait, de manière à ce que la peine, étant proportionnée au délit, soit par cela même inévitable.

CHAPITRE X.

COMMENT LES LIVRES DE COMMERCE PEUVENT FORMER UN TÉMOI-
GNAGE IRRÉCUSABLE DE COMPTABILITÉ COMMERCIALE ? — MOYENS
POUR ASSURER LEUR SINCÉRITÉ.

Les doutes , les soupçons que fait naître toute déclaration d'insolvabi
lité ; l'incertitude qu'on éprouve sur la sincérité des livres du débiteur,
tiennent moins , ainsi que je l'ai dit , aux défectuosités de la loi de 1808,
qu'au mépris de ses prescriptions les plus sages. C'est à ces violations
qu'il faut mettre un terme , en assurant par une sanction sérieuse l'accomplissement des mesures d'ordre auxquelles le législateur crut devoir
assujettir le commerce. La loi a donc plutôt besoin d'être complétée ,
qu'elle ne réclame de notables modifications. C'est à quoi j'ai cru devoir
m'appliquer avec d'autant plus de soin , que les auteurs qui ont écrit sur
les faillites sont loin d'avoir attaché à cet objet l'importance qu'il me
paraît mériter (1).

Les livres fussent-ils visés et paraphés par le juge, conformément aux
prescriptions de la loi actuelle , plus d'une issue resterait ouverte au débiteur qui est intéressé à effacer les traces de son inconduite. Au jour de
l'insolvabilité déclarée, les créanciers et la partie publique seraient mis
en présence d'un tableau d'opérations mensonger, et cela avec plein
succès. Je dirai seulement que l'intervention obligée d'un magistrat pouvant contrôler par les livres des tiers les registres produits, magistrat
spécial dont l'*unique office* consisterait à faire de judicieuses explorations,
serait de nature à gêner , à déconcerter bien des manœuvres. Mais il ne

(1) Ni M. Boulay-Paty, ni M. Bravard-Veyrières, dans les appréciations
auxquelles ils se livrent à l'occasion des faillites, ne portent leur attention sur
le fait , selon moi capital , de la comptabilité commerciale. S'il est vrai que la
faillite soit souvent le résultat du désordre, de l'inconduite ; si la mauvaise foi
n'hésite pas à se couvrir de ce manteau dans plus d'une occasion , spéculant
ainsi sur la honte, il y a nécessité d'assurer, par une pénalité proportionnée au
délit , la constatation de ces faits affligeans. Or, la comptabilité commerciale
peut seule fournir, dans de tels cas , des preuves suffisantes. Il faut , dès-lors,
qu'on ne puisse pas altérer la sincérité de ce témoignage en substituant des registres mensongers et qui présentent le débiteur comme irréprochable, aux livres
contenant de fâcheux aveux. — J'ai peine à comprendre que le nouveau
projet de loi reste muet sur les modifications à faire au titre II du code de commerce , dans le but d'assurer la sincérité des livres exigés.

faut pas se le dissimuler, là où la fraude veille activement, là où l'intérêt particulier s'agite en tous sens, les sûretés doivent être multipliées . Plus que jamais, et alors surtout que l'inobservation de l'art. 440 rendrait punissables de la prison les contrevenans, on verrait le négociant inquiété par de mauvaises affaires se pourvoir quelque temps à l'avance de livres visés, datés et paraphés, les tenir en réserve ou les faire courir en double pour les besoins probables de l'année suivante. — C'est là ce qui avait lieu sous l'ancienne législation, et c'est à quoi il faut songer à remédier, le jour où l'on veut sérieusement que la faillite ne puisse former une branche de spéculation : branche qui, du reste, par cela seul qu'elle cause des appréhensions et qu'elle jette de longs rameaux, semblerait an-noncer que la puissance commerciale va sans cesse déclinant, et que les sources où elle puisait se sont insensiblement taries (1).

Pour bannir du commerce les livres frauduleux, il faut rendre sans utilité, d'un secours même dangereux, dans toute comptabilité commer-ciale, l'existence de ces documens. C'est ce qu'avait compris le législateur de 1808, et cette pensée se retrouve dans l'art. 13 du titre II déjà cité.

« Les livres, est-il dit, que les individus faisant le commerce seront obligés de tenir, et pour lesquels *ils n'auront pas observé les formalités ci-dessus prescrites*, ne pourront être représentés, *ni faire foi en justice au profit de ceux qui les auront tenus*, sans préjudice de ce qui sera réglé au livre des faillites et banqueroutes. »

C'est donc à l'intérêt du commerçant que la loi s'était adressée pour as-surer le *visa* et le paraphe des livres reconnus indispensables. Rien n'était plus sensé. — Une telle sanction était insuffisante ; elle devait rester sans effet, ainsi que l'expérience l'a prouvé. Cela s'explique et provient de plu-sieurs causes. Le titre II du code de commerce, auquel appartient l'article qu'on vient de lire, dispose d'une manière générale: il ne pouvait man-quer d'être méconnu.

Par l'art. 8, en effet, *tout commerçant* est tenu d'avoir un *livre-journal* qui présente *jour par jour* ses opérations de commerce, et *mois par mois*

(1) Lorsque le commerce est réduit à se préoccuper d'aussi fâcheux symp-tômes, l'on doit croire qu'il lutte en vain contre un mal plus grand. — Les fail-lites ont une cause générale : c'est au législateur à sonder la plaie et à faire qu'une loi sur ces désordres ne soit pas aussi nécessaire, aussi vivement sollici-tée. — Les peuples qui s'inquiètent le moins de ce fléau ne sont pas ceux qui l'ignorent en quelque sorte, mais bien ceux que leur position dédommage com-plétement et dont la destinée commerciale est richement dotée. — La loi doit toutefois intervenir, ne serait-ce que pour déjouer les spéculations im-morales, la fraude et le vol, faits qui seraient un obstacle au rétablissement du négoce.

les dépenses de sa maison. Les art. 9 et 10 assujettissent, en outre, le négociant à la tenue d'un livre des inventaires annuels. Tels sont les registres que la loi soumet exclusivement à la formalité du *visa* une fois l'an.

Tout commerçant aura donc un livre-journal et un livre des inventaires annuels, tenus sous visa et paraphe. — Eh bien! c'est un fait avéré que ce ne sont guère que les commerçans de premier et de second ordre qui ont besoin d'un *livre-journal* et d'un livre *des inventaires*. Une portion notable du commerce de détail opérant au milieu de nombreux rapports et avec une activité soutenue, serait par cela même embarrassée dans sa marche, si elle était strictement obligée à la tenue de pareils livres. L'on ne pouvait donc, sans méconnaître ses conditions d'existence, assujettir cette partie du commerce au *visa*, c'est-à-dire à la tenue d'un *livre-journal* et d'un livre *des inventaires* (1). Si la loi, au lieu de statuer avec la généralité qu'on remarque, eût consulté les faits, elle n'eût pas été violemment démentie en cette occasion. Ainsi s'explique l'inobservation de l'article 13. J'ajoute que cette disposition devait être d'autant plus impunément violée, qu'aucune clause comminatoire ne vient en garantir l'observation *de la part du juge*. C'est ainsi que la foi accordée en justice à tout livre privé du *visa* annuel ne forme pas un chef de *nullité*; or, c'est ce qu'il fallait déclarer. Jusque-là absence de sanction suffisante, absence de loi. — Le législateur fut sans doute arrêté par cette considération, que la tenue des livres indiqués ne pouvait obliger toutes les classes de commerçans, et qu'on ne devait point dès-lors interdire d'une manière *absolue* la production en justice de tous autres livres non visés : considération pleine de sagesse, mais dont il eût mieux valu faire la part dès le début, en dispensant expressément certaines classes de la tenue de deux livres qui ne sont usités que dans les régions élevées du négoce. — C'est ainsi que, violée par ceux dont elle méconnaissait la condition, la loi a fini par être ouvertement méconnue par les négocians de tout ordre.

Ce vice capital avait frappé en 1827 les magistrats de notre cour royale. Parmi les changemens qui doivent être faits au code de commerce, la commission signale le titre II comme susceptible de recevoir certaines restrictions. Persuadés, par une juste appréciation des faits, que tout commer-

_____

(1) C'est une observation que je suis surpris de ne pas trouver reproduite dans l'ouvrage, d'ailleurs justement estimé, de M. Vincens. L'auteur se contente d'exprimer des doutes sur l'exactitude avec laquelle on fait *tous les ans* viser les livres dont parle le titre II. — Quelque impératif que soit l'art. 10 à cet égard, il n'est pas rare de voir des livres qui, visés *aux mêmes dates* sur les premier et dernier feuillets, sont destinés à contenir les opérations de plusieurs années. — Ce n'est point là, à coup sûr, vêtir la loi.

çant ne peut être assujetti à la tenue du livre-journal et du livre des inventaires, les membres de cette commission émettent le vœu que les négocians dont la patente s'élève au-dessus de 100 fr., eu égard sans
doute à la place de Bordeaux, soient seuls obligés de tenir de pareils livres, et que ce défaut de tenue donne lieu contre eux à une
condamnation *inévitable* du chef de banqueroute simple. Il va de soi
que le *visa* et le paraphe viendraient donner à de tels livres le caractère de
régularité jugé nécessaire. — Si l'on objecte que les commerçans dont la
patente ne s'élève pas à 100 fr. se trouveront par cela même affranchis
des règles de toute comptabilité sincère, je répondrai que c'est surtout
dans la portion du négoce qui est frappée d'une forte patente par le tarif
de la loi du 1.er brumaire an VII, et successivement par les modifications
apportées à ce tableau dans les années 1817, 1818 et suivantes, que l'insolvabilité commerciale a de l'importance, que ses effets retentissent et
portent au loin la ruine, le discrédit; c'est dès-lors à ces négocians,
dont on peut dire qu'ils constituent à eux seuls, qu'ils résument tout le
commerce d'une cité, qu'on doit demander des garanties d'ordre et
de bonne comptabilité. — Le commerce de détail, par l'activité qu'il est
forcé de déployer, n'a guère le temps et les moyens de faire courir des
doubles frauduleux; c'est à peine s'il lui est possible de confier à *sa Main
courante* les nombreuses opérations de la journée, et d'ouvrir dans un
Grand-livre, lorsque le débit prend un peu d'extension, un compte spécial
au nom de chacun des particuliers avec lesquels il est en compte cou-
rant d'opérations. — Que les débitans et marchands soient rigoureusement astreints, en cas de cessation de paiemens, à déclarer, sous délai
très-court, leur état d'insolvabilité, et l'on n'aura pas à craindre qu'ils
produisent des livres mensongers qui, par cela seul qu'ils forment double
emploi, supposent une certaine liberté d'action. — Voilà comment, en
apportant à la loi actuelle de sages restrictions, on en rendrait l'observation facile et assurée.

Si l'on craint maintenant que la formalité du *visa*, loin de garantir la
sincérité des livres, serve à masquer les mauvais desseins de la fraude;
que, par exemple, un négociant fasse courir un double ou qu'il garde en
réserve un livre-journal parfaitement visé, lequel pourra fournir au besoin
des preuves irréprochables d'insolvabilité, il est facile de prévenir un
tel abus. — On n'a qu'à tenir au greffe du tribunal de commerce un
registre sur lequel figurerait le nom de tout commerçant ayant fait viser
un livre-journal avec mention de la date du visa apposé (1); cela réglé, qu'il

(1) Je m'étais depuis long-temps arrêté à l'indication de ce moyen de contrôle sûr et facile tout à la fois, lorsque j'ai pu m'assurer qu'un usage qui a une

soit nettement disposé qu'aucun nouveau registre ne pourra être visé au profit du même individu, s'il ne représente comme épuisé le livre qui précède. — Chaque registre porterait en marge du *visa* un numéro d'ordre, afin de pouvoir constater que le livre représenté est bien celui qui précède immédiatement celui qu'on est sur le point d'ouvrir et pour lequel on réclame le *visa* du juge. — L'on aura ainsi réduit le commerçant mal intentionné à l'impossibilité de se procurer pour l'avenir de doubles registres. Que s'il lui arrivait, enfin, — car il faut tout prévoir, — de tenir en réserve le livre visé, et de n'employer pour son utilité personnelle que des livres non revêtus de cette formalité, on peut lui rendre cette comptabilité sincère d'un secours inutile, en frappant de *nullité*, dans l'article 13, tout jugement qui aurait admis à faire foi en justice, au profit de celui qui les produit, des livres non visés *annuellement*, alors qu'il se trouve assujetti par le chiffre de sa patente à la tenue de semblables livres (1). — Voilà comment l'on arriverait à frapper d'inutilité et les livres mensongers qui auraient couru en double, et ceux qui seraient sincères, mais qui ne porteraient pas le *visa* exigé. Les premiers, tenus régulièrement, ne serviraient de rien, puisqu'ils présenteraient un tableau rempli d'inexactitudes et sans relation avec la contestation produite en justice; les seconds auraient pour eux l'avantage d'être vrais, mais l'absence de *visa* leur ôterait toute valeur. — J'ajoute que le *livre-journal*, par cela seul qu'il contient les opérations de

grande analogie avec la mesure que je voudrais voir adopter est régulièrement suivi au greffe du tribunal de commerce de Bordeaux. L'origine de cet usage remonte à un arrêt du parlement en date du 15 mai 1732. — Je me crois dès-lors doublement fondé à insister pour l'adoption d'une mesure qui, si elle n'a pu produire tous les effets désirables, par suite du défaut de sanction qu'on remarque dans le titre II, a pour elle la consécration du temps.

Je saisis cette occasion pour signaler l'accueil bienveillant qu'ont reçu, tant au greffe de la cour royale, qu'à celui du tribunal de commerce, les recherches intéressantes auxquelles j'ai dû me livrer. — Je prie les membres qui composent le personnel de ces deux administrations de recevoir, à ce sujet, l'expression de ma reconnaissance.

(1) L'on croit répondre et détruire la valeur de cette prescription en faisant observer que peu de livres sont *à jour* dans le commerce; qu'ainsi, ils ne peuvent être visés annuellement. D'abord, je fais remarquer que c'est là une irrégularité qui est loin d'être par elle-même fort recommandable. Mais, au surplus, si l'usage doit l'emporter, et s'il mérite des ménagemens sur ce point, rien n'empêche de donner un délai fatal de quinzaine, par exemple, au bout duquel l'année devra être clôturée par le *visa* portant à cet effet une date exacte, comme moyen d'appréciation. — Tous livres qui ne seraient pas ainsi régulièrement clos, ne pourraient faire foi au profit du détenteur à peine de *nullité*.

toute sorte, puisqu'il énonce, *mois par mois*, les dépenses de la maison, serait indispensablement produit, et qu'aucun livre auxiliaire ne pourrait suppléer ce document : — Le tout à peine de *nullité*.

Ce système assurerait l'observation de la loi de la part du commerce, puisque la tenue du *livre-Journal* et de celui des *Inventaires* ne serait imposée qu'au négociant qui, par sa position, est forcé de recourir à ces élémens de comptabilité ; et le juge, de son côté, serait porté à tenir compte d'une prescription dont l'inobservation aurait pour effet d'entraîner, par voie de *nullité*, la rétractation de tout jugement. — La production en justice de livres non visés par tout commerçant tenu de cette formalité, serait même un moyen d'entrevoir par avance les intentions frauduleuses de celui qui tiendrait un double en réserve. Ainsi, et la représentation des livres pouvant être ordonnée par le juge *dans le cours d'une contestation* (art. 15, Code de commerce), le président pourrait marquer d'un numéro d'ordre, audience tenante, les livres produits et non visés, indépendamment de ce qu'il serait sur-le-champ facile de voir par le registre des *visas* déposé au greffe s'il n'a point été visé de livre-journal au nom de la partie, qui ferait une production irrégulière. Dans tous les cas, il serait pris note de l'incident, pour en faire tel usage que de droit au jour de la faillite déclarée. — Cette remarque s'applique au fait d'une déclaration de non-tenue de livres constatée en justice ; il en serait pris acte, et le négociant insolvable se trouverait plus tard en présence de ce fait, s'il voulait produire des livres appropriés à la circonstance.

Ce qui vient d'être dit doit être étendu à toute production de livres devant des arbitres. En conséquence, la sentence arbitrale porterait *essentiellement* sur le fait de la production du livre-journal visé, mention faite du numéro d'ordre, avec indication des principaux articles formant la base du jugement, le tout à peine de *nullité*. — Je crois inutile d'ajouter que la peine qui attend l'auteur de toute fausse déclaration, alors surtout qu'il remplit un mandat judiciaire, serait une garantie suffisante de l'observation de la loi sur ce chef important.

Ces mesures recevraient, d'un sage retour à l'ancienne législation, leur complément salutaire. La déclaration de 1716, dont nous avons déjà parlé, assujettissait le failli à effectuer au greffe des juges et consul *le dépôt*, non-seulement de l'état détaillé de ses dettes et de ses ressources, mais celui de ses livres et registres qui devaient être sur-le-champ arrêtés et visés *pour ne varier*. Cette déclaration ne faisait, du reste, que confirmer l'édit de 1673, journellement méconnu à cet égard. En disposant ainsi, la loi avait voulu enlever au failli tout moyen de dissimuler ses torts, son inconduite, de dénaturer le tableau de ses opérations, et de préparer habilement un système de justification convenable. —

Que si l'on repoussait la proposition d'un retour à l'ancien ordre de choses par cette considération, que l'apposition des scellés obtient le même résultat, je répondrai, avec le commerce lui-même, que l'apposition des scellés est un de ces préalables dispendieux dont il conviendrait d'affranchir la faillite autant que possible, loin que l'application doive en être généralisée (1). — Le dépôt des livres et registres au greffe aurait cet avantage, que les titres et documens seraient véritablement placés sous la main du ministère public, qui pourrait ainsi se livrer à de sérieuses investigations. — Je raisonne dans l'hypothèse de l'établissement d'un magistrat ayant dans ses attributions spéciales la matière des faillites.

L'observation des articles relatifs au *visa* des livres et à la prompte déclaration de cessation de paiemens serait enfin assurée par les dispositions les plus propres à vaincre sur ces deux points l'indifférence du commerce. C'est ainsi que le failli qui aurait violé l'art. 440, et qui présenterait des livres dépourvus de *visa*, pourrait être déclaré banqueroutier simple, et serait, dans tous les cas, condamné à un emprisonnement de six mois pour avoir doublement contrevenu à la loi. — Quant à celui qui se serait borné à produire des livres non visés, il serait provisoirement détenu, et n'obtiendrait point de sauf-conduit jusqu'à parfait apurement de ses comptes, le Magistrat des faillites entendu. — Ceux dont le débiteur failli se serait servi pour dresser à la hâte des livres mensongers, seraient poursuivis comme complices de banqueroute frauduleuse, et frappés d'une peine proportionnée à la gravité d'un tel fait (2).

(1) Le nouveau projet de loi ne fait nullement la part de ce fait. Il rend l'apposition des scellés obligatoire dans tous les cas. Cela est d'autant plus regrettable, qu'ainsi qu'on le faisait remarquer au Conseil-d'état, celui qui se déclare en faillite dans les trois jours fait acte de bonne foi, et que c'est à tort, dès-lors, que les scellés viennent suspecter ses sentimens. Il est vrai que la loi nouvelle ne prend aucun moyen sérieux pour assurer la prompte déclaration de la faillite; c'est par un inconvénient, celui de l'apposition des scellés dans tous les cas, qu'on aura voulu remédier au défaut de sanction *positive* de l'art. 440. — L'on a pu voir, en effet, dans les chapitres précédens, que la prompte déclaration d'insolvabilité n'est assurée par aucune mesure nettement répressive.

(2) La dernière partie de cet examen sera consacrée à la fixation des peines qui sont en désaccord, sur plusieurs points, avec les mœurs actuelles. La pénalité en vigueur dispose avec un luxe de *Travaux forcés* peu intelligent et qui assure l'impunité. — La loi nouvelle, en s'occupant des complices frauduleux du failli, ne touche nullement au fait de la fabrication de livres clandestins. Vainement l'on voudra dans ce cas tirer argument de l'art. 593 du projet; il est rédigé en termes trop vagues pour pouvoir servir de base à une semblable accusation. Le soin qu'ont eu les rédacteurs du projet de se référer à l'art. 60 du code pénal, vient encore ajouter à l'incertitude.

En me résumant, et pour ne point séparer deux points aussi étroitement liés l'un à l'autre que le sont les faits *de la déclaration de la faillite* et celui de la *sincérité des livres* de commerce, j'arrive à constater les résultats suivans :

Prompte déclaration d'insolvabilité, *assurée* au moyen d'une sanction pénale positive qui frappe inévitablement celui qui viole les prescriptions de l'art. 440. — D'où suit que le débiteur est personnellement *intéressé* à suspendre le cours de ses opérations au moment où il cesse ses paiemens, c'est-à-dire au moment où il devient un administrateur *suspect* de la fortune d'autrui.

En deuxième lieu, et dans le cas où, pour se procurer le secours d'une comptabilité mensongère, le débiteur n'hésiterait pas à méconnaître le vœu de l'art. 440, il faut que cette comptabilité, alors même que son établissement remonterait à une époque éloignée, ne puisse lui être d'aucune utilité, qu'elle lui soit d'un secours dangereux. — En conséquence, c'est encore ici à l'*intérêt* du commerçant que la loi doit parler sous le double rapport du préjudice pécuniaire et du préjudice moral. Le commerçant ne pourra donc :

1.° Tirer aucun profit d'une production en justice de livres non visés annuellement, lorsque le chiffre de sa patente l'oblige d'avoir un livre-Journal et un livre d'Inventaires. — Tous jugemens rendus au mépris de cette prescription seront entachés de nullité. Voilà pour l'intérêt pécuniaire lequel se trouve ainsi journellement menacé, car aucun négociant ne peut se flatter de n'avoir pas besoin d'effectuer judiciairement une représentation de livres : c'est une de ces épreuves qui menace également tous les justiciables ;

2.° Son *intérêt* moral est sérieusement mis en cause par la crainte de la prison, soit à titre préventif — par la privation immédiate de la faveur du sauf-conduit, — soit à titre répressif dans le cas où il ne justifie pas de son état d'insolvabilité par des livres et documens revêtus du *visa* obligé.

C'est donc à l'*intérêt*, ce puissant, je dirai presque ce souverain mobile des actions humaines, que la loi doit s'adresser, en l'attaquant par tous ses points vulnérables, dès qu'il est question de statuer sur un fait d'ordre public et général. — Cela posé, c'est à l'intérêt du créancier, c'est aux passions qui le dominent qu'il faut parler en dernier lieu de manière à les faire tourner, non plus au préjudice, mais au profit de la législation, fondement inévitable de toute prospérité commerciale.

Dans l'exposé qui suit j'indiquerai comment le créancier peut être intéressé à voir régler par des formes publiques, et qui offrent toute garantie, le sort d'une insolvabilité constatée ; ce résultat équivaut à la suppression de tout arrangement clandestin et partant suspect.

CHAPITRE XI.

Comment on rend la déclaration de l'Etat d'insolvabilité inévitable et prompte. — A quoi se réduit en réalité l'intérêt du créancier.

La faillite étant un fait d'ordre public dont la loi doit surveiller la marche et le réglement, il faut s'appliquer à rendre possible, inévitable même, dans l'intérêt du crédit commercial, cette salutaire intervention de la légalité. Pour cela, il faut parler et à l'intérêt du débiteur lui-même, et à celui du créancier. La difficulté consiste à faire que ces deux intérêts, d'ailleurs si opposés, se rencontrent, non plus pour donner à la législation existante un déplorable démenti, mais qu'ils s'accordent invinciblement pour la sanctionner. — En attendant qu'il me soit donné de compléter, en ce qui touche le débiteur, l'exposé de cette thèse importante, je vais indiquer comment la loi peut parler avec plein avantage à l'intérêt du créancier.

« Un seul soin, disait Napoléon au Conseil d'état, préoccupe les créanciers : c'est de retirer de leur créance le plus qu'il leur sera possible ». Parole pleine de sens, ainsi que nous l'avons fait observer, et qui avait le rare mérite de placer sous son véritable jour la question à résoudre. Malheureusement, ainsi qu'il arrive presque toujours lorsqu'une haute considération domine les esprits, la matière des faillites était alors traitée, je ne dirai pas en défiance, mais en haine de tout ce qui s'y rattache à titre particulier. Créanciers et failli se trouvèrent frappés, au nom de l'ordre public, d'un violent anathème ; et comme les fortes préventions ne raisonnent pas, personne ne songea à s'enquérir sérieusement du véritable état de la question, c'est-à-dire de ce qu'avait de légitime la *préoccupation* du créancier. Tout en surveillant les allures de ce sentiment exclusif, il convenait de faire une part à ses exigences naturelles, et de régler à sa satisfaction, autant que possible, un débat d'ordre public sans doute, mais dans lequel l'intérêt privé jouait le premier rôle. Au lieu de cela, les sentimens de défiance exagérée prévalurent, l'ordre se fit aveuglément sa part, ce qui a conduit l'intérêt privé méconnu à se faire la sienne largement et d'une manière exclusive. Le mépris dans lequel est tombée la législation en vigueur n'a pas d'autre cause que le peu de compte qu'elle a fait elle-même de l'intérêt particulier. La défiance du législateur doit se renfermer dans certaines bornes, sous peine de dépasser le but qu'elle veut atteindre. — Ainsi, partant de ce fait immense plus haut signalé, je dirai que la préoccupation des créanciers est légitime, qu'elle mérite à ce titre toute la faveur du législateur, lequel doit s'attacher à satisfaire ce vœu convenablement, s'il ne veut que l'intérêt particulier mette en échec la cause de l'ordre général. C'est dans la juste consécration de l'intérêt privé que l'ordre social puise, on le sait, ses conditions de force et de durée.

L'intérêt du créancier sera donc satisfait convenablement. — Pour cela, les formes, la marche de la faillite seront simplifiées ; les délais pour venir à solution, abrégés ; les frais d'administration et de justice rendus moins onéreux à la masse des créanciers ; l'expédition des affaires, favorisée. S'il est vrai qu'une faillite soit une calamité particulière d'un effet souvent désastreux, il ne faut pas ajouter au malheur du créancier en lui rendant sa perte plus onéreuse, plus désespérante ; il faut qu'il perde le moins possible, et surtout qu'il ne puisse pas espérer d'un arrangement clandestin, fait en très-peu de temps, le double de ce que lui fera obtenir, après d'interminables discussions, le réglement légal de la faillite. Si l'on n'atteint ce résultat, si l'on décourage le créancier par la perspective d'une solution longuement attendue et chèrement achetée, les pactions clandestines et tout ce qu'elles entraînent de déplorable pour le crédit, pour l'ordre général, continueront à obtenir faveur, et le créancier restera accessible à toutes les propositions que pourra lui faire son débiteur ; en d'autres termes, la faillite déguisée, par cela seul qu'elle n'entraîne ni lenteurs ni difficultés, alors que, du reste, l'insolvabilité ne fait contracter au débiteur aucune souillure publique, continuera à devenir une occasion de scandales et de désordres d'autant plus déplorables qu'ils seront impunis.

Rien n'est assurément plus habile, mieux ordonné que l'administration des faillites, si l'on s'en tient à l'examen théorique du système établi en 1808 sur ce point de législation commerciale. Tout cela s'enchaîne avec une netteté, avec un ordre, une logique qu'il n'appartenait guère qu'aux auteurs de notre belle codification de déployer. Mais l'ordre, ce n'est pas toujours la simplicité ; la logique atteste le besoin de méthode ; enfin, la netteté, ce n'est pas toujours la concision, la sobriété de temps et de moyens. C'est donc un édifice habilement échafaudé que le livre des faillites et banqueroutes ; mais il perce dans cette construction une science d'échafaudage qui devait rester sans application, parce qu'elle est sans utilité. La forme a complétement emporté le fond ; et dans la pratique, c'est le fond qui prévaut et qui parle en maître.

Il faut au commerce des affaires faciles, qui se succèdent, qui se multiplient et se terminent promptement. Le temps et l'argent, tels sont les deux principaux agens du négoce ; l'affaire la meilleure est celle qui coûte le moins, c'est-à-dire celle qui emploie le moins de temps et de ressources pécuniaires (1). En conséquence, celui-là perd doublement qui, se trouvant atteint dans partie de sa fortune par une insolvabilité commerciale, est réduit à ne pouvoir toucher qu'au bout d'un temps fort long la part qui lui revient dans les débris de cette insolvabilité (2). Pour lui, l'affaire est mauvaise de tout point; comme perte d'argent d'abord, et comme perte de temps, soit que l'on considère les longueurs interminables qui l'empêchent de disposer d'un faible dividende, soit qu'on veuille tenir compte des démarches, des formalités sans nombre auxquelles le perdant est forcé de se soumettre pour recueillir ce qui lui revient. Or, il peut arriver, et c'est même ce qui arrive assez ordinairement, que la créance qu'il s'agit de recouvrer perde considérablement de sa valeur, eu égard à la quantité de temps nécessaire pour attendre ou pour amener une solution. L'argent, on le sait, ne vaut le temps que d'une manière relative, et de la même manière que le second peut équivaloir au premier. Je vais même plus loin, et j'ajoute qu'il est fort rare que le temps n'ait pas, aux yeux du commerçant, une valeur de beaucoup supérieure à celle que représente une affaire conclue, un avoir quelconque. Or, c'est dans de telles circonstances qu'il est permis de dire des choses qu'elles ne sont que ce qu'elles paraissent, qu'elles ne valent que ce qu'on est porté à les estimer. En conséquence, et si le créancier d'une faillite redoute les longueurs d'une liquidation, d'un apurement de comptes, d'une procédure compliquée, qui projettent sur tous les incidens une clarté douteuse, à la faveur de laquelle le gaspillage et les marchés iniques se donnent carrière; si toute cette opération ne lui paraît qu'un long et triste escamotage, dans lequel lui, porteur de titres sincères, n'a qu'à perdre sans avoir d'ailleurs chance sérieuse de gain, il sera disposé à traiter à tout prix de cette mauvaise affaire, à accepter de son débiteur toutes sortes de conditions, à se contenter d'un *disponible* quelconque, plutôt que de consentir à rester indéfiniment dans l'attente d'une mauvaise solution. Telle est pourtant la condition que fait à la faillite, et au créancier faut-il dire, la législation en vigueur. D'une mauvaise affaire, le législateur a fait une affaire on ne peut plus désastreuse; aussi

---

(1) Je prends ici l'argent comme signe représentatif de toute sorte de valeur commerciale : ainsi, une affaire est bonne si elle a exigé un léger sacrifice de temps et de marchandise, que la valeur échangée consiste en argent ou en tout autre objet de trafic.

(2) Je n'ignore point que l'état de faillite ne saurait à la rigueur impliquer un état d'insolvabilité même partielle. En me servant de ce mot, je n'ai en vue que de rendre avec plus de concision, sinon avec exactitude, une pensée qui revient souvent dans le cours de ce travail. On peut être parfaitement en position de régler ultérieurement ses créanciers pour le montant intégral de ce qui leur est dû en capital, intérêts et frais, et cependant être forcé de se déclarer en faillite.

les créanciers qui entendent leurs intérêts se hâtent-ils de la terminer à tout prix, sans bruit et sans éclat (1).

Si les faillites déclarées s'éternisent, et si dès-lors créanciers et débiteurs ont une égale répugnance à courir les hasards d'une telle solution, c'est que, d'une part, le cercle dans lequel se meut la faillite a été démesurément agrandi au lieu d'être restreint ; en second lieu, c'est à un système où les rouages inutiles abondent, où les complications sans fin se rencontrent, qu'est remise l'administration des intérêts que le fait de l'insolvabilité met en présence ; enfin, les choses sont disposées de telle sorte que des intérêts engagés dans la faillite peuvent y prendre position, la manipuler à leur gré, et laisser impunément, pendant un temps indéfini, les créanciers et le failli placés sous le coup d'une position incertaine, insoluble, et qui doit d'autant plus recevoir une tardive solution, que ce désastreux provisoire profite exclusivement à quelques hommes habiles à exploiter un désastre qui, par cela même qu'il est commun, n'excite ni un grand intérêt, ni une active surveillance. Particularisant notre pensée sur ces trois chefs, nous dirons du premier qu'il doit s'entendre du principe qui permet de faire indéfiniment remonter la faillite ; du second, qu'il s'applique à l'emploi successif des trois sortes d'agens que la loi investit du soin de gérer et de mener à fin le fait d'insolvabilité déclarée ; du troisième, qu'il doit être entendu de cette solution qui n'en est pas une, et que le législateur, dans ses étranges préoccupations, décora du titre de *contrat d'Union,* sans prévoir, à coup sûr, tout ce qu'entraînerait d'abus et de scandales ce déplorable état de choses. — Ces trois points constituent autant de chefs de reproches ; il convient de les examiner séparément et dans l'ordre logique où ils sont placés :

1.º Le principe qui permet de faire remonter (2) la faillite à une époque

---

Ces cas sont rares toutefois, l'état de faillite n'étant, à proprement parler, que le signe d'une insolvabilité plus ou moins développée, mais réelle, et qui constitue en perte les créanciers.

(1) Des négocians de Bordeaux et de Toulouse, consultés par moi sur le point de savoir si « les choses n'en sont pas venues à ce point qu'une faillite déclarée est regardée comme *la pire issue* et qu'un arrangement *quelconque* est préférable ? », ont répondu affirmativement de la manière la plus explicite. — On ne pouvait faire en termes plus clairs le procès à la loi.

(2) J'éprouve un véritable embarras à désigner convenablement et sans circonlocution ce que plusieurs appellent la *remonte,* et ce que d'autres nomment le *report* de la faillite. — J'avoue que je ne comprends pas plus le mot *remonte* que le mot *report*, appliqués successivement pour désigner un cas d'antériorité. — Le législateur devrait, ce semble, lorsqu'il crée un droit nouveau, lorsqu'il décrète un principe qui n'a sa source nulle part, s'appliquer à le définir

antérieure à celle de la déclaration de cessation de paiemens, viole sans nécessité les exigences du droit et de l'équité, indépendamment de ce qu'il fait descendre la loi à l'état de non-sens ; 2.° il entraîne après lui les plus graves inconvéniens, et ne fait qu'ajouter aux nombreux embarras qui naissent du réglement d'une faillite.

CHAPITRE XII.

COMMENT ON MET EN JEU L'INTÉRÊT DU CRÉANCIER APRÈS AVOIR PARLÉ A CELUI DU DÉBITEUR. — DU PRINCIPE QUI TEND A FAIRE REMONTER L'EXISTENCE DU FAIT DE CESSATION DE PAIEMENT. — CE PRINCIPE VA DIRECTEMENT CONTRE LE BUT QUE LA LOI SE PROPOSE.

Relativement au premier chef considéré dans ses rapports avec la déclaration d'insolvabilité, je dirai qu'une loi qui statue en principe d'ordre général, doit disposer sérieusement, et ne prévoir la violation de ses prescriptions que pour les réprimer et pour sévir contre ses auteurs d'une manière convenable. Ainsi, lorsque, dans les articles 440 et 438, le code de commerce et la loi récemment présentée aux Chambres font une obligation au débiteur, dans l'intérêt de l'ordre public, de se déclarer en faillite *sous les trois jours de la cessation des paiemens ;* lorsque ces deux législations poussent le soin — chose remarquable ! — jusqu'à déclarer que le séjour du terme, point de départ de la cessation des paiemens, *sera compris* dans ce délai fatal de *trois jours,* l'on ne s'explique pas que le législateur se croie obligé de prévoir le cas ordinaire et fréquent où l'art. 438 sera méconnu, et qu'il consacre en conséquence (art. 441) le droit de faire remonter la faillite à une époque antérieure au jour de la déclaration : d'où suit qu'il émet le premier des doutes fâcheux sur la valeur de ses prescriptions. Une loi ne doit pas se démentir ainsi, et l'inconséquence est dans de tels cas un vice capital. — Ou l'ordre public, les convenances sociales exigent impérieusement que

d'une manière convenable. — Le mieux serait, assurément, lorsqu'il est aussi difficile de justifier une innovation que de la définir, de renoncer franchement à un tel sujet d'embarras. — M. Bravard-Veyrières se formalise à bon droit de l'emploi du mot *report ;* celui de *remonte* est fort loin de mériter plus de faveur, et lui était sans doute inconnu.

la cessation de paiemens soit presque sur-le-champ déclarée, et il faut disposer sérieusement à ce sujet, il faut qu'une peine vienne atteindre tout contrevenant et que la loi ne puisse, par le fait de l'impunité, tomber en plein discrédit ; ou l'observation de la règle établie est chose impossible et qui du reste présente de graves inconvéniens : alors, sans plus d'hésitation, il faut se séparer de cet ordre d'idées, car la loi c'est la raison suprême, elle ne doit jamais avoir tort. — J'avoue que je ne suis nullement touché de l'utilité de ces demi-mesures qui, précisément parce qu'elles laissent une entière liberté à ceux dont elles règlent la condition, sont destinées à ne produire aucun effet. De même qu'il n'est pas permis au juge de se déjuger, de même la loi ne doit supposer la violation des règles qu'elle établit que pour la réprimer convenablement (1). — Les art. 438 et 441 du nouveau projet de loi partent de deux points opposés, et le second détruit violemment le premier. — En ce point, la loi proposée constitue donc, ainsi que je l'ai dit, un non-sens véritable ; elle dit non après avoir dit oui, — ou plutôt, elle ne fait que reproduire les défectuosités du code de commerce actuel (2).

---

(1) La réponse qu'on fait à cette argumentation pressante mérite d'être rapportée ; elle prouve qu'on n'est pas entré bien avant dans la question que soulève ce point essentiel. — Le cas de l'inobservation de la loi sur le chef de l'article 438 pouvant se présenter, il fallait, dit-on, le prévoir et régler l'exception. L'exception ! c'est bien le cas de s'en occuper vraiment, pour qu'elle devienne règle, ainsi que cela s'est vu jusqu'ici. Le moyen de la restreindre dans des bornes étroites cette exception déplorable, c'est de faire peser sur elle toute la rigueur du droit commun. A qui la faute si la déclaration de faillite a été indéfiniment ajournée, si non aux créanciers qui étaient *avertis* qu'elle ne pouvait remonter ? Puisqu'ils n'ont pas tenu compte de l'avertissement, c'est à eux d'en souffrir, et non aux tiers ; aux tiers qui ont pu, par suite de cette tolérance, traiter de bonne foi avec le commerçant déclaré plus tard insolvable. — Faites aux créanciers cette dure, cette *juste* part, et l'exception se jouera fort peu de la loi.

(2) Les rédacteurs du nouveau projet, pénétrés de l'utilité qu'il y aurait à ce que le jugement déclaratif de la faillite en marquât l'époque d'une manière invariable sans qu'il fût besoin de faire remonter l'état d'insolvabilité à quelques mois, et souvent à un temps fort éloigné, ont voulu encourager le débiteur à se déclarer sur-le-champ ; dans ce but, l'art. 456 l'affranchit de la séquestration provisoire de sa personne, lorsqu'il se conforme au vœu des art. 438 et 439. Rien n'est plus sage assurément, et, plus que personne, je dois me montrer partisan d'un système qui s'adresse aussi nettement à l'intérêt personnel du débiteur ; mais je crois cette disposition incomplète, précisément parce qu'elle est isolée. — Lorsqu'on fait tant que de se placer sur le terrain de l'intérêt particulier, il faut organiser vigoureusement l'attaque et rendre la retraite impossible.

Si l'on convient en général de la justesse de ces observations, l'on ne se montre pas aussi disposé à reconnaître les avantages du système opposé ; système qui, procédant avec une extrême simplicité, consisterait à ne donner qu'une date fixe, invariable à la faillite, celle du jugement déclaratif de ce fait, sauf à prononcer la nullité de tous actes faits en fraude des créanciers, conformément aux dispositions de l'art. 1167 du code civil. C'est sur ce terrain que la loi nouvelle a voulu se placer ; je dis voulu, car ses intentions ne pourront manquer d'être méconnues dans la pratique, si ses vues ne reçoivent de l'examen auquel donneront lieu ses principales dispositions un complément indispensable. — Ce système équitable et rationnel a soulevé de vives critiques. Parmi ceux qui l'ont le plus fortement combattu, et au premier rang, il convient de placer M. Bravard-Veyrières, qui, par l'examen scrupuleux auquel il s'est livré sur ce point important, mérite une attention sérieuse. Suivant cet estimable professeur, la loi proposée en 1835 a eu grand tort de ne donner à la faillite d'autre date que celle du jugement déclaratif de l'état d'insolvabilité ; la faillite doit pouvoir, selon lui, remonter indéfiniment, car c'est là qu'on arrive dans le système contraire, — et l'on aurait grand tort de placer sous l'empire du droit commun les actes qui ont précédé le jugement déclaratif de son existence. S'il est un reproche que l'on puisse adresser à la législation proposée, c'est de n'être pas entrée assez franchement dans les voies que M. Veyrières signale comme déplorables. — Nous sommes fort loin, on le voit, d'être d'accord en ce point culminant, comme l'appelle avec raison l'auteur de l'*Examen* sur la législation des faillites. A l'appui de notre opinion, voici comment on peut, ce semble, raisonner :

Tout débiteur devant être regardé, le jour où il a conscience de son état d'insolvabilité comme un détenteur *suspect* de la fortune d'autrui, les créanciers, l'ordre social lui-même sont intéressés à ce qu'il soit le plus tôt possible dessaisi de l'administration d'une fortune qui cesse d'être sienne le jour où il reconnaît qu'elle est insuffisante pour payer ce qu'il doit. Or, ce n'est pas assez d'enjoindre au débiteur de faire sur-le-champ connaître l'état d'insolvabilité qui est attesté par la cessation de paiemens ; il faut intéresser fortement le créancier à ce que cet état fâcheux soit promptement déclaré. On atteindra ce résultat, non en laissant au créancier l'espoir d'améliorer sa position au moyen d'une rétroactivité inique qui enrichit la masse en ajoutant au nombre des victimes du failli, mais au contraire en faisant clairement entrevoir à tout ayant-droit que plus le débiteur tarde à se déclarer en faillite, plus il peut véritablement compromettre l'avoir de la masse. Que de créanciers, en effet, se montrent accommodans et faciles, cherchent à exploiter les embarras du débiteur d'une manière exclusive, qui renonceraient à ce système de temporisation le jour où ils seraient certains que la faillite ne peut remonter ; qu'ainsi, tout ce que fait le débiteur jusqu'au jour de la déclaration est valable, ou tout au moins couvert d'une présomption de bonne foi.

Oui, c'est un fait avéré, que les créanciers se reposent en général sur les avantages résultant du droit de faire remonter la faillite; que, dans cette pensée, ils tâtonnent, s'efforcent d'obtenir un réglement favorable ; qu'ils hésitent d'autant moins à prolonger cet état incertain, qu'ils ont le secret de l'opération, et qu'ils sont certains, le cas de faillite advenant, d'atteindre une foule de particuliers qui ont traité loyalement avec leur débiteur, et dans une ignorance complète de ses embarras. — Ainsi, par cela seul que la faillite peut aisément remonter, le créancier laisse une entière latitude à son débiteur. Ce ne sont guère que les absens, ceux qui ont tout à perdre, parce qu'ils ne sont point sur les lieux, et qu'ils ne peuvent prendre leurs mesures dans ce *sauve qui peut* général, qui pressent, qui hâtent de tous leurs moyens une déclaration judiciaire. — Le jour où l'état d'insolvabilité ne frappera de nullité que les actes postérieurs à la déclaration qui en est faite, sauf à prouver la fraude pour tout ce qui précède ; le jour où le débiteur sera censé avoir agi valablement tant que sa faillite n'est pas déclarée, les créanciers auront tous intérêt à presser la déclaration de la faillite, c'est-à-dire à mettre le débiteur dans l'impossibilité de disposer abusivement de leur avoir, et de compliquer du reste étrangement la marche de la faillite, d'en rendre le réglement difficile, interminable, ce qui est un déplorable résultat.

Complications étranges, en effet, que celles qu'entraîne le principe de rétroactivité consacré par la loi en vigueur. C'est peu que des tiers qui ont traité de bonne foi avec un commerçant dont les embarras semblaient avoir pris fin, soient atteints par une cessation de paiemens qu'on fait remonter à plusieurs années ; sans parler de tout ce qu'a d'inique une mesure qui augmente le nombre des victimes de l'insolvabilité commerciale, comment ne pas être frappé des embarras inextricables, des calamités qu'entraîne souvent l'obligation de rapporter des sommes considérables à la masse d'une faillite ? Déplorables retours de fortune, qui forcent le commerce à ne procéder qu'avec une excessive défiance, et comme s'il marchait sur un terrain miné! Quel négoce, en effet, est possible avec de tels sujets d'appréhension ? quelle fortune est assurée ? Je ne m'appesantirai pas davantage, pour le moment, sur les conséquences d'un principe qui porte partout le trouble, qui accroît l'incertitude, et qui consacre de violentes iniquités. C'est dans ses allures, c'est dans sa marche tortueuse qu'il faut le suivre maintenant, pour faire ressortir les embarras auxquels on est conduit toutes les fois qu'on déroge sans nécessité aux principes généraux du droit.

Avant d'entrer dans un examen qui porte sur l'un des points les plus

5

difficiles de la matière, indépendamment de ce qu'il y a nécessité de dis
cuter le mérite des opinions d'un grand poids qui me sont contraires, je dois
faire observer, ainsi que cela fut remarqué à juste titre en 1827 par la cour
royale de Bordeaux, que le principe de la rétroactivité a sa place marquée
dans le système qui laisse le commerçant maître de déclarer, quand bon
lui semble, son état d'insolvabilité. Dans la thèse qui prend pour point de
départ l'observation rigoureuse de l'art. 440 du code de commerce, c'est-
à-dire la convenance d'une prompte déclaration, ce principe est sans importance, parce qu'il est sans application ; le dessaisissement *de droit* du
failli coïncidant, en quelque sorte, avec le dessaisissement *de fait*, de
manière à donner aux créanciers toutes les garanties désirables. Pour peu,
dès-lors, que cette règle présente d'inconvéniens et de désavantage sérieux, on sera porté à se rallier au système qui n'admet et n'implique aucune conséquence semblable.

CHAPITRE XIII.

Du droit de faire remonter la faillite, envisagé dans ses
conséquences et dans sa marche. — Difficulté de s'entendre
sur la portée de ce principe. — Avantages que présente le
droit commun se combinant avec la règle établie par la déclaration de 1702.

Le système qui prend son point de départ dans l'observation rigoureuse
de l'art. 440 offre cet avantage, ainsi que je l'ai dit en terminant le dernier
examen, que l'état de cessation de paiemens du débiteur devenant notoire
presqu'aussitôt qu'il se manifeste, le dessaisissement de droit et le dessaisissement de fait du failli sont une seule et même chose. Dans cet ordre d'i-
dées, l'incapacité du débiteur a une date invariable, et jusqu'au jour où
son insolvabilité est déclarée, il est resté légalement investi de l'administration de ses biens. — De quel droit, en effet, celui qu'une cessation de
paiemens peut seule rendre suspect, serait-il frappé d'incapacité légale
pendant qu'il fait honneur à ses affaires ; de quel droit surtout des préventions fâcheuses planeraient-elles sur ceux qui ont traité avec lui, alors
qu'il n'était point inhabile à contracter, puisque son état d'insolvabilité,
loin d'être un fait notoire et avéré, n'était nullement constaté ? Le failli eût-
il pressenti de prochains embarras, cette circonstance ne peut être opposée aux tiers qui traitent avec lui franchement et à titre onéreux. Tant que
'état d'insolvabilité n'est pas manifeste, la bonne foi de celui qui traite

avec le débiteur doit être présumée, car il a fait affaire avec un individu notoirement capable d'opérer. Le fait de l'ouverture de la faillite, pris séparément de son existence, reste donc ici privé de signification, en ce sens que frapper de suspicion le débiteur, avant que le fait de cessation de paiemens qui *seul* peut le constituer en état d'incapacité et par suite de suspicion ait eu lieu, ce serait placer l'effet avant la cause. C'est pourtant à ce résultat monstrueux que sont conduits ceux qui laissent le débiteur parfaitement libre de faire connaître quand bon lui semble son état d'insolvabilité. Ce système implique comme conséquence le droit de faire remonter presqu'indéfiniment la faillite.

Le débiteur étant maître de se déclarer quand bon lui semble, c'est-à-dire lorsque la position n'est plus tenable, il devient important de scruter avec soin le passé, car cet homme, cet administrateur suspect pendant un assez long temps de la fortune d'autrui, a dû abuser de sa position de maître, nous l'avons fait voir, et procéder le plus souvent en sens inverse de l'intérêt des créanciers. Livré sans contrôle à ses inspirations, il a d'abord cherché à gagner du temps. Dans ce but, il aura calmé avec un à-compte les exigences de l'un, tandis qu'un autre se sera contenté des paroles les plus rassurantes ; au milieu des soins, des démarches les plus pénibles, de négociations vingt fois rompues et vingt fois reprises, il aura fini par faire un atermoiement, que je dirai loyal, si on veut, et dans lequel, divisant sa dette par annuités, chacun doit obtenir satisfaction au bout d'un certain temps. — Cela fait, les affaires reprennent leur cours, et le calme entre un moment dans l'âme de celui que de graves embarras étreignaient la veille. — Cependant, la gêne est loin d'avoir cessé ; le commerce auquel on continue de se livrer offre d'autant moins de bénéfices, que le crédit dont on disposait auparavant s'est à peu près évanoui. Insensiblement l'époque des premières annuités arrive, l'on se trouve réduit à l'impossibilité d'y faire face, car les rentrées s'effectuent lentement ; et comme on a opéré au comptant dans la plupart des cas, l'on est complétement démuni. Les embarras sont de nouveau au comble ; tel créancier qui s'est rendu sans peine il y a six mois, un an, à tous les vœux du débiteur, devient accessible à la défiance, en voyant son attente trompée. Le mécontentement gagne de proche en proche, il devient général, et c'est sous le coup des récriminations les plus vives, c'est obsédé par la menace, que le commerçant se déclare insolvable, et qu'il court se réfugier dans le sein de la faillite, d'abord redoutée. — Or, ces hésitations, qui datent de loin, ces embarras successivement éludés, cette marche tortueuse, fruit de la violation de la loi, voilà ce qui a fini par compliquer la situation, et par semer à tel point le trouble et la défiance autour du failli, qu'il devient nécessaire de *remon-*

ter d'incident en incident , de fouiller dans le passé , pour constater, non plus seulement l'état d'insolvabilité, mais l'époque de son *ouverture* , afin qu'aucun acte de l'administration suspecte du failli ne puisse échapper à l'action en nullité. Ici ne se présentent plus les avantages d'une déclaration d'autant plus promptement effectuée, que le créancier savait qu'il serait privé du bénéfice de faire remonter la faillite (1). Non, les ajournemens nombreux qu'a su se ménager cet état d'insolvabilité, avant de faire explosion au grand jour , forcent à scinder la position , à considérer distinctement l'ouverture et l'existence de la faillite, à scruter les faits d'une manière inique, et à donner, en fin de compte, à la cessation de paiemens une date fictive et mensongère. C'est alors que sont prononcés confusément, sans que la loi ni les auteurs s'entendent sur l'effet qu'il faut y attacher, les mots d'ouverture et d'existence de la faillite ; ceux de dessaisissement de droit et dessaisissement de fait, logomachie déplorable dans laquelle il faut bien se jeter lorsqu'on perd de vue les grands principes d'ordre qui, seuls, peuvent éclairer la marche au sein du sombre labyrinthe de l'insolvabilité commerciale. Pour faire apprécier le mérite de ces distinctions déplorables, il convient d'entrer, à cet égard, dans quelques développemens. On verra qu'autant le premier système procède avec cette simplicité , cette netteté qui attestent la salutaire influence d'un principe d'ordre général, autant le deuxième paraît embarrassé dans sa marche ; autant il est confus, incertain , et conduit , sans profit pour le commerce, à la violation des saines exigences du droit commun.

Suivant en cela l'économie apparente plutôt que la pensée du code de commerce, M. Bravard-Veyrières distingue dans l'état de faillite trois époques parfaitement tranchées : en premier lieu , celle de son ouverture, et qui n'est, suivant l'auteur, que le moment où l'état de faillite *commençait déjà à s'annoncer, bien que la cessation de paiemens ne fût pas encore arrivée ; l'époque où* , pour nous servir de ses expressions, *la faillite ne commençait encore qu'à germer* ; en deuxième lieu , le moment où *son existence* est devenue manifeste *par la cessation de paiemens* ; en troisième

(1) Je ne saurais trop insister sur cette considération que je regarde comme capitale ; j'ai même la satisfaction de me trouver d'accord en ce point important avec les hommes de théorie et ceux qui possèdent le plus la pratique des affaires, ce qui est rare. J'ajouterai que l'utilité, la convenance parfaite d'une déclaration de faillite qu'on ne puisse incessamment ajourner, est généralement sentie. — Cette thèse compte parmi les bons esprits de notre barreau , et au sein du commerce local, sous l'inspiration duquel j'écris le plus souvent , de sincères et nombreux approbateurs.

lieu, celui du jugement déclaratif d'insolvabilité (1). M. Bravard-Veyrières, en faisant cet exposé, est si loin de se livrer à une énumération de pure forme, qu'il a soin de recommander qu'on ne confonde pas l'époque de l'*ouverture* de la faillite avec celle de son *existence.*

Or, s'il est vrai de dire que la loi fait acception distincte de ces circonstances, l'on doit reconnaître que c'est pour les fondre ensemble presque aussitôt, et non pour en régler le sort distinctement. Ainsi c'est vainement que les magasins auront été fermés, que le commerçant aura disparu, que quelques protêts essuyés jetteront du doute sur sa solvabilité; ces faits restent dénués de valeur et d'importance s'ils ne sont *suivis* de la cessation de paiemens, fait qui, *à lui seul*, constitue l'état de faillite, et qui souvent lui assigne sa véritable date. C'est ce qu'établit clairement l'art. 441 du code de commerce. Dans les articles 443, 444 et suivans, la loi faisant constamment acception de l'ouverture comme d'un fait complexe, qui doit s'entendre de l'existence de la faillite, règle le sort des divers actes qui ont précédé cette époque de moins de dix jours, sans arrêter ses regards sur l'intervalle qui a pu séparer en réalité cette circonstance de la cessation de paiemens. Pour être dans le vrai, pour rester placé au point de vue de la législation actuelle, il nous semble que M. Bravard-Veyrières, au lieu de prendre sérieusement acte de quelques distinctions d'époque qui en réalité ne donnent point naissance à des ordres de faits différens, aurait dû dire et proclamer, non que le fait d'ouverture de la faillite doit être pris distinctement de celui de son existence, mais que la faillite *existe*, 1.° par les faits de clôture des magasins, disparition du débiteur, etc., *suivis de la cessation de paiemens;* 2.° par le fait seul de la cessation de paiemens. D'où suit qu'il n'y avait pas lieu de se demander, comme le fait l'auteur, 1.° quel est le sort des actes faits depuis l'ouverture de la faillite *jusqu'à* la cessation de paiemens, car ces deux circonstances n'en font qu'une dans le système du code; 2.° quelle est la condition de ceux faits depuis la cessation de paiemens jusqu'au jugement déclaratif; car la cessation c'est l'*existence* de la faillite, existence que le code permet seulement de faire remonter à une époque reculée. — De telles distinctions ne nous paraissent pas plus conformes à l'économie, qu'à l'esprit de la loi dont la réforme est demandée.

Recherchant presque immédiatement comment doivent être traités certains actes, tels que les paiemens de dettes échues, les aliénations immobilières à titre onéreux, alors que ces faits, *postérieurs* à l'ouverture de la faillite, ont eu lieu, soit avant, soit après la cessation de paie-

(1) Cette classification et les mots qui servent à en définir les divers ordres de faits sont textuellement empruntés à la dissertation de M. Bravard-Veyrières.

mens, mais avant le jugement déclaratif, l'auteur cité déclare que la loi est muette sur ce point. L'embarras qu'il semble éprouver vient de ce qu'il ne cesse de séparer les deux faits sur lesquels la loi n'opère jamais séparément : l'ouverture de la faillite et son existence. — Il est évident que la disposition applicable aux actes qui précèdent de moins de dix jours l'ouverture, règle leur sort lorsqu'ils lui sont postérieurs. De même que le sort des hypothèques postérieures à l'ouverture de la faillite paraît à M. Veyrières devoir être fixé conformément à ce qui est disposé dans l'art. 443 pour les actes de même nature faits dans les dix jours de l'insolvabilité existante, de même les dernières dispositions de l'art. 444 semblent devoir déterminer, par voie d'analogie, la condition des actes onéreux postérieurs à la cessation de paiemens *non déclarée.*

Passant à l'examen de cette partie de la législation qui permet de donner à la faillite une date antérieure à la cessation de paiemens, et qui est dèslors obligée de dire comment doivent être traités les actes qui touchent de près à l'existence du fait d'insolvabilité, M. Bravard-Veyrières signale des incohérences, des contradictions, qui ne servent, suivant nous, qu'à mieux faire ressortir les inconvéniens du système auquel il se rallie. Vainement l'auteur s'élève contre les imperfections de la loi actuelle ; vainement il fait raison des lacunes, des anomalies qu'on retrouve dans le projet de loi présenté en 1835 ; ses critiques, ses remarques pleines de sens, tout, jusqu'aux imperfections qui distinguent le plan auquel il s'arrête lui-même, prouve que ce n'est qu'avec désavantage qu'on peut lutter contre les exigences du droit commun, lorsqu'on s'est placé sous nécessité sur le terrain de l'exception. Il n'y a que les principes généraux du droit qui puissent faire raison de certaines difficultés.

Donner à l'existence de la faillite une date qui précède la cessation de paiemens déclarée ou proclamée en justice, c'est, ainsi que nous l'avons fait observer il y a peu de jours, agrandir le cercle fatal dans lequel se meut l'insolvabilité commerciale. Or, s'il est quelque chose qui doive être restreint, c'est l'influence d'une mauvaise affaire ; ajouter à son importance, c'est en doubler l'effet désastreux, indépendamment de ce qu'il est plus difficile de régler la marche de ces sortes d'événemens, et d'arriver à solution. Qu'est-ce, je le demande, qu'une faillite ? sinon une atteinte portée à la fortune commerciale du créancier ; d'où suit qu'après avoir été pour le débiteur l'effet, le résultat des malheurs éprouvés, cette atteinte peut, à son tour, si l'on accroît imprudemment le nombre des part-prenans au naufrage, devenir cause de nouveaux désastres, et faire sombrer le crédit, la fortune de ceux qu'elle constitue en perte. Ce n'est donc pas isolément qu'il est permis de voir, de considérer une aussi fâcheuse solution ; il faut l'envisager dans ses rapports avec le crédit commercial qu'elle peut ébran-

ler d'une manière déplorable, pour peu que le mal gagne de proche en pro
che ; et dans l'influence qu'elle exerce sur la situation des créanciers. Loin
d'élargir la plaie, ce serait donc le cas de traiter la faillite comme on traite
le feu, et d'arrêter les ravages de ce fléau en abattant les édifices voués au
malheur , pour couper les communications. — Quant aux complications
qu'entraîne le droit inique et désastreux de faire remonter la faillite , elles
sont nombreuses et sont attestées par une longue expérience.

Lorsqu'une insolvabilité commerciale vient à éclater , on voit les créanciers, que domine le désir naturel de rendre légère la perte qu'ils éprouvent,
se livrer à des recherches, aux investigations les plus actives pour faire que
la faillite puisse remonter, et que la consistance de son actif soit par suite
grossie (1). Les voilà aussitôt en quête d'actes translatifs de propriété, d'hypothèques conférées, de paiemens faits, de protêts isolés, épluchant la vie
du débiteur, au risque d'ajouter, dans un intérêt *privé et exclusif,* à l'importance du désastre, à son retentissement, à son action. — L'ouverture
de la faillite étant provisoirement fixée au jour de la déclaration, les syndics ou quelqu'un des créanciers s'attachent, en l'absence de tous autres
faits, à quelques constatations de non-paiement anciennes, isolées, et l'on

---

(1) Le projet de loi présenté à la Chambre élective donne le droit à *toute partie
intéressée* — art. 441 — de faire assigner à la *cessation de paiemens* une date
plus ancienne que celle fixée par le jugement. L'on a cru sérieusement améliorer
l'ordre de choses actuel en prenant le fait de cessation de paiemens comme
symptôme *unique et exclusif* de l'état de faillite , et en ôtant toute importance
aux faits de clôture des magasins, disparition de débiteur, etc. , énumérés par
l'art. 441 du code de commerce ; l'on n'a fait que reculer la difficulté sans la
résoudre. — Ainsi, l'on plaidera beaucoup plus que par le passé pour faire déclarer qu'un certain nombre de protêts constituent un état de cessation de paiemens ; la question se reproduira éternellement, la jurisprudence ayant action
sur le droit et non sur le fait. C'est donc de quelques protêts isolés qu'on argu-
mentera pour faire remonter la faillite; or , de tels signes d'insolvabilité sont
loin d'avoir la gravité des faits de clôture des magasins , de disparition du débiteur, dont la législation de 1808, parfaitement logique et rationnelle, faisait acception. Vainement on tend à donner à la faillite une date invariable et prise de
l'époque de la déclaration ou de la proclamation de ce fait en justice; tant
qu'on laissera , comme le fait l'art. 441, une porte ouverte aux créanciers pour
faire remonter la faillite , ils compteront, ils continueront à *spéculer* sur l'a-
vantage que la loi leur fait, laissant ainsi le débiteur maître de se déclarer
quand bon lui semble. Ils sauront , en effet, qu'ils peuvent faire annuler la
plupart des actes qui ont précédé la déclaration d'insolvabilité, et cela leur
suffit. La loi devrait donc disposer clairement à cet égard, et dire que la faillite
n'aura d'autre date que celle de la cessation de paiemens déclarée au greffe ou
constatée d'office judiciairement.

travaille, en conséquence de la cessation de paiemens qui est un fait acquis, à faire donner à la faillite une date plus reculée que celle fixée provisoirement. Qu'il s'agisse alors d'un acte à titre gratuit ou onéreux, l'on discutera longuement la question toujours nouvelle et toujours délicate de savoir si quelques protêts peuvent être considérés comme se liant au fait récent de la cessation de paiemens, et si, par suite, l'acte en question est nul ou seulement annulable. Là viennent se débattre les intérêts d'un créancier hypothécaire antérieur de moins de dix jours à l'ouverture qui est ou qui doit être assignée à la faillite ; ceux de l'acquéreur d'une propriété immobilière, et les droits de tout individu ayant pu être payé en fraude des créanciers (1). Questions insolubles sous le point de vue de l'équité, et auxquelles succède, dans toute discussion soulevée par un acte onéreux, la controverse qui permet aux créanciers de prouver qu'un concert frauduleux a existé entre le failli et l'un des tiers avec lesquels il a opéré. Or, qui ne sait que c'est encore là une discussion sans fin, sans issue ? Car est-il rien de plus difficile à prouver que la fraude ; rien qui soit, pour l'ordinaire, masqué plus habilement ? Et c'est dans cette voie tortueuse qu'on ne craint pas de laisser s'engager la faillite ; c'est dans de tels incidens qu'on vient l'éterniser, au risque d'aggraver le commun désastre, alors qu'il serait si facile de prévenir de tels sujets de lenteur et d'embarras par une prompte déclaration d'insolvabilité, décrétée sérieusement en principe !.. Encore s'il était, je le répète, permis d'espérer une solution équitable au milieu de ces faits qui excitent la défiance du juge, sans qu'il puisse conclure rigoureusement; si la loi pouvait se promettre de déjouer inévitablement la fraude, et d'assurer pleine et prompte justice à chacun, je m'expliquerais l'extrême latitude qu'elle accorde en ce cas aux intérêts froissés ; mais c'est en pure perte que le législateur dispose avec soin, qu'il vient tout exprès se placer sur le terrain du droit exceptionnel ; les précautions qu'il prend, le soin dont il use ne servent qu'à faire cheminer longuement et la justice et les affaires, sans que l'intérêt public ou l'équité trouvent à cela aucun profit. Pour s'en convaincre, on n'a qu'à suivre les détails dans leur enchaînement naturel.

Durant le cours de l'examen, fort lucide au surplus, auquel se livre le professeur de droit commercial à la faculté de Paris déjà cité, on le voit reprocher au code de commerce de n'avoir pas mis les aliénations mobilières *à titre gratuit* en même ligne que les aliénations d'immeubles, et de les avoir affranchies de la nullité. — La loi nouvelle comble cette lacune dans son article 446 ; d'où suit qu'une nouvelle source de procès, de chi-

_____

(1) Les art. 446 et 447 du nouveau projet déclarent nuls ou susceptibles d'être annulés ces mêmes actes, tout en modifiant d'une manière notable le régime actuel.

cane, si je puis dire, est ouverte aux créanciers. — Il fallait, dit M. Veyrières, combler un vide, la raison le voulait ainsi. — Soit. Mais à coup
sûr les tiers vont se trouver doublement intéressés à contester la date de la
faillite, ce qui est un mal ; et d'autre part les créanciers se hâteront moins
de *forcer* le débiteur *mauvais* à se déclarer promptement, car ils se trouvent plus que jamais garantis contre la spoliation de la faillite, ce qui,
relativement, est un déplorable résultat. Si la logique gagne à ce changement, c'est aux dépens du bon ordre, du prompt apurement de l'insolvabilité, et ce n'est certes pas là un avantage. Poursuivons :

D'après le code, reprend l'auteur cité, les paiemens de dettes *échues*
restent sous l'empire du droit commun ; ils sont valables tant que la mauvaise foi du créancier n'est pas prouvée ; c'est ce qui résulte de l'art. 446 ;
et cependant l'art. 443 annule, sans aucun égard à la bonne foi du créancier, les priviléges et les hypothèques constitués pour garantie de toutes
dettes, *même échues*. N'y a-t-il pas là, je le demande, un défaut d'accord
d'harmonie entre ces deux articles ?

Rien n'est plus juste, et M. Veyrières prouve très-bien qu'il y a contradiction à valider le paiement d'une *dette* échue, et à déclarer nulle l'hypothèque conférée à défaut de paiement, c'est-à-dire à rendre le sort du
créancier non payé moins favorable que celui du créancier payé, si
d'ailleurs la dette est échue. On a tort, dit l'auteur, de séparer ainsi l'hypothèque de la créance ; ce qui n'est que l'accessoire d'un droit de ce
droit lui-même, et de ne pas faire à ces deux choses un sort *commun*. Son
observation s'applique au cas des ventes d'immeubles, qui, faites dans les
dix jours avant l'*ouverture*, sont seulement annulables, tandis que les
priviléges et hypothèques conférés à cette époque, sont déclarés nuls, alors
que, du reste, on maintient le *droit* de créance. Il y a, sous ces deux rapports, état flagrant de contradiction, ainsi que le fait observer l'auteur de
ces remarques : il y avait nécessité de régler ce point important d'une manière satisfaisante. — Le projet de 1835 consacre cette double contradiction, et quelque fondées que soient les remarques du professeur de droit
commercial, les auteurs de celui présenté récemment à la Chambre des
députés ont persisté dans ce mode de disposition. La loi ancienne et la législation proposée statuent donc à cet égard d'une manière contradictoire,
c'est un fait constant ; maintenant sont-elles, sur ce point, dépourvues
de moyens de justification, et les déductions logiques de M. Bravard-Veyrières sont-elles exemptes de reproche ? Examinons.

Le paiement d'une dette échue, c'est un droit fondé, une sorte de droit
acquis, lequel se trouve *épuisé* régulièrement. La créance et le droit d'hypothèque sont deux faits distincts. La loi peut très-bien annuler l'hypothèque et consacrer la validité d'un paiement ; car, en rendant l'hypothè-

que nulle, elle n'a pas anéanti le droit de créance qui lui a donné lieu : il subsiste, il est debout, et ne sera déclaré *nul* COMME tout fait consommé de paiement, qu'autant qu'il sera prouvé exister en fraude des créanciers, c'est-à-dire que son existence sera supposée. Il y a donc parité de condition sous ce rapport entre le *droit de créance*, en tant que droit non éteint, et le droit de créance suivi de paiement épuisé comme droit. — Mais, direz-vous, il est contradictoire de décider que celui qui est payé ne rapportera pas ce qu'il a reçu, et que le p iement sera pour lui un fait régulièrement consommé, sauf toujours l'articulation, suivant la loi nouvelle de mauvaise foi ou de fraude, et de déclarer, d'autre part, que celui qui n'a pu prendre qu'une hypothèque judiciaire ou conventionnelle, sera d'autant plus mal traité qu'il n'a pas été payé. Cela est injuste, si l'on veut, mais cela s'explique par le choix du terrain où l'on est. — Vous êtes payé, c'est un fait accompli et qui vous place hors du cercle de la faillite, si l'on vous devait et si d'ailleurs vous n'aviez pas connaissance des embarras du débiteur. Au contraire, vous n'êtes pas payé ? Le *fait*, bien plus que le droit, vous laisse dans le cercle de l'insolvabilité, et là tout en restant créancier, si vous l'êtes en réalité, tout doit être commun entre vos cointéressés et vous ; relativement aux garanties, aux faits *accessoires* du *droit* de créance, vous ne devez pas avoir une condition plus favorable que les autres part-prenans au malheur de l'insolvabilité.

Ce qui devrait choquer M. Bravard-Veyrières, dans cet ordre d'idées, ce n'est pas la différence de droit et de traitement qui est rationnelle, quoique injuste, mais le principe même auquel il faut bien faire porter de tels fruits, sous peine de le réduire à rien, sous peine de l'annihiler. Pourquoi, en effet, déclarer suivant ce principe que la faillite remontera à une date antérieure à la déclaration d'insolvabilité, si l'on ne doit pas atteindre le plus grand nombre d'actes possibles ; si, avec les paiemens de dettes échues, les ventes immobilières, l'on place hors d'atteinte la préférence qui naît du privilége et du droit d'hypothèque conférés. Tout ce qu'on peut faire, c'est comme le fait la loi proposée — art. 448. — de déclarer que l'*inscription* de ce *droit* pourra avoir lieu jusqu'au jour du jugement déclaratif ; ce qui suppose que le droit d'hypothèque aura été valablement conféré et existe bien antérieurement à la faillite déclarée. — M. Bravard-Veyrières a confondu deux choses que la loi distingue avec intention : le droit de se faire payer en tout temps, sans fraude ni mauvaise foi ; et le droit de celui qui n'a pu être payé et qui ainsi est par le fait dans la faillite, de se créer dans ce *cercle* une condition meilleure par l'obtention d'un privilége, alors que les autres créanciers ne peuvent en faire autant. *On est* dans une faillite par le fait plus que par le *droit*; on en sort valablement lorsqu'on en sort par le fait, en toute conscience et bonne foi du reste. — La logique de M. Bravard-Veyrières n'est que relative ; elle est étroite et ruine le principe auquel il se rallie. La loi, en consacrant le droit de faire remonter la cessation de paiemens, est injuste, mais elle est véritablement logique. Ainsi, l'on se trouve placé sur ce fâcheux terrain, entre l'impossibilité d'être équitable et logique à la fois. Si l'on est juste, l'on est ridicule, l'on s'attaque à ses propres idées ; si l'on veut être conséquent jusqu'au bout, l'on se montre d'une révoltante iniquité. — Voilà pourtant où il faut arriver lorsqu'on veut sortir du droit commun et consacrer le droit de donner à la cessation de paiemens une date mensongère, une date qu'elle n'a pas.

Le vice capital du code, ajoute le même auteur, c'est d'avoir frappé d'une nullité inflexible les constitutions de priviléges et d'hypothèques antérieures de moins de dix jours à l'ouverture de la faillite. — Sans doute le droit est rigoureux sur ce point ; mais il n'appartient pas aux hommes qui, comme M. Bravard-Veyrières, conçoivent parfaitement une faillite *en germe*, un état aussi peu notoire d'insolvabilité, lequel permet pourtant aux créanciers de prouver que les tiers avaient connaissance des embarras du failli *avant* l'époque de la cessation de paiemens, de se formaliser des rigueurs de la loi actuelle. Si le code est rigoureux, il est logique ; car il admet, lui, cette faillite à l'état d'embryon, si je puis dire, que M. Veyrières conçoit si bien, et que je déclare ne pas comprendre. Si quelqu'un est ici conséquent, c'est la loi de 1808, et non celui qui en signale les défauts. — L'on comprend, dirai-je en passant, ce que c'est qu'une faillite déclarée ; mais un état d'insolvabilité antérieur à la cessation de paiemens, une faillite qui n'existe pas, et qui cependant produit incapacité administrative, dessaisissement à titre de suspicion, c'est ce que, pour ma part, je n'ai jamais conçu ; tant il est vrai qu'on se donne une peine déplorable pour agrandir le cercle de la discussion ! — Ou la cessation de paiemens est un fait acquis, et il y a faillite dès ce jour, dessaisissement de droit ; ou ce fait n'existe pas, et le failli traite et opère à titre onéreux, en pleine capacité, et il n'y a pas faillite. — Toutes les fois que l'on conçoit, comme M. Bravard-Veyrières, deux faillites, si je puis dire, dans l'état d'insolvabilité commerciale, l'une existant par le fait de l'ouverture, l'autre par la cessation de paiemens, il faut accepter sans hésitation les conséquences d'un tel système, et laisser peser sur tous les actes renfermés dans un cercle ainsi agrandi, sinon une rigoureuse nullité, du moins une présomption de fraude. Or, M. Veyrières ne va même pas jusque-là, et ce serait le cas de lui demander les motifs de l'importance qu'il attache au fait de l'ouverture. — Il faut donc le dire, pour ne plus y revenir : le code est conséquent, et surtout fort simple, ce qui est un mérite. Il ne s'occupe du moment de l'ouverture que pour y rattacher celui de la cessation de paiemens, pour les confondre en les plaçant sous une même date.

Que si l'on objecte que le failli peut déguiser une libéralité sous forme de contrat onéreux, je réponds avec le droit commun, — art. 1167, cod. civ. , — auquel s'était sagement référé l'art. 4 , tit. XI de l'ordonnance de 1673, que tous les actes faits en fraude des créanciers, à quelque date qu'ils remontent, seront déclarés nuls ; et cela suffit pleinement. Il appartiendrait même d'autant moins à ceux qui partagent les vues de M. Veyrières de me combattre sur ce chef, que cet auteur et moi sommes d'accord pour présumer le plus souvent possible la bonne foi, et ne laisser aux créanciers que le droit de prouver la fraude lorsqu'ils sont lésés par un acte à titre onéreux. Seulement je m'attache, pour être conséquent, non à l'époque d'une ouverture incertaine et ignorée alors qu'il s'agit de constater l'existence de la faillite, mais au fait déclaratif de la cessation de paiemens , circonstance notoire et qui n'a rien d'équivoque. J'ajouterai que pour rendre hommage à un principe que la déclaration de 1702 a introduit , et qui a reçu chez plusieurs peuples (1) une pleine consécration , l'on pourrait placer sous le coup non d'une nullité radicale, mais déclarer suspects comme collusoires avec le failli, tous priviléges et hypothèques , tous actes translatifs de propriété mobilière ou immobilière consentis dans les vingt jours qui précèdent la faillite *publiquement connue :* ce sont les termes de la déclaration de 1702. Déclarer *nuls* les priviléges et hypothèques conférés pour dettes échues, comme le fait l'art. 446 de la loi présentée, c'est faire *remonter* en réalité la cessation de paiemens à dix jours avant la déclaration qui en est faite. Or, si la faillite , comme fait *existant ,* ne peut être spoliée impunément, en revanche elle ne peut léser ceux pour lesquels elle n'existait pas encore. C'est ce que M. Bravard-Veyrières fait sensément remarquer, en disant que l'annulation de ces actes sincères aurait pour effet, *non plus de priver les tiers d'un bénéfice ,* mais de les soumettre *à une perte ,* ce qui n'est pas juste. — Quant aux actes d'antichrèse, comme c'est un moyen de nuire aux intérêts de la faillite, d'en discréditer les ressources , c'est avec raison que le projet de loi comble cette lacune et en prononce la nullité, si leur existence remonte à moins de dix jours avant la cessation de paiemens déclarée. J'en dirai autant des baux à longs termes dont la loi ne parle pas, et dont il est fait un grand abus lorsqu'un débiteur éprouve des embarras visibles et que ses biens sont grevés d'hypothèques à concurrence de ce qu'ils peuvent valoir. Ce point est de la plus haute importance ; il donne lieu à des actes fréquens de collusion, car c'est ainsi qu'on ôte aux créanciers l'envie et les moyens

---

(1) A Gênes, la faillite remontait au jour de la *disparition* du débiteur , et les biens donnés en paiement quinze jours avant ce fait notoire étaient rapportés.

de faire vendre les immeubles d'un débiteur. Pour prévenir de tels actes, l'on devrait adopter une disposition analogue à celle de l'art. 1429 du code civil, et, après avoir frappé de nullité dans certaines limites ces sortes de machinations, disposer clairement que, hors les cas spécifiés, la bonne foi étant prouvée, ils ne seront valables que pour la période de trois ans qui se trouve courir. — C'est surtout dans le système qui ne donne à l'insolvabilité commerciale qu'une date, celle de la cessation de paiemens *publiquement connue*, qu'il importe de mettre obstacle à l'abus qu'on ne manquerait pas de faire d'un semblable moyen.

Si tout s'enchaîne dans ce système, si tout paraît simple, exempt d'incertitude et d'embarras, c'est que le droit de faire remonter la faillite est supprimé. Au contraire, l'on a pu voir, par tout ce qui précède, combien ceux qui se rallient à ce principe désorganisateur s'accordent difficilement, et donnent prise à la critique. C'est là qu'il devient impossible de disposer à la satisfaction des intérêts privés et du crédit commercial! Dans l'ordre d'idées que nous croyons le seul raisonnable, le seul juste et bon, — et je n'userais pas de ces expressions si cette opinion ne comptait en sa faveur les suffrages les plus estimables (1), — nous n'avons pas à nous préoccuper de l'inconvénient très-grave signalé par M. Bravard-Veyrières lui-même; ce n'est pas à nous qu'on peut dire *qu'annuler des actes faits avant que la cessation de paiemens soit réalisée, c'est enlever au débiteur le moyen de se procurer de l'argent dans un moment où, peut-être, si on lui laissait cette ressource, il pourrait encore rétablir ses affaires....* d'où suit qu'on MULTIPLIE *les faillites* (2). D'un autre côté, nous ne favorisons pas *les illusions du négociant aux abois*, car les créanciers sont intéressés à ne pas le laisser indéfiniment administrer la faillite; d'où il suit qu'il ne peut maintenir sa position qu'autant qu'il en remplit les exigences, qu'il paie exactement. Ainsi, dans notre système, le débiteur jouit de tout le crédit que comporte sa position; mais il en jouit sans embarras; il peut donc l'améliorer *tant qu'il ne cesse pas ses paiemens*, ce qui est juste, et ce qui seul fait une saine acception des droits de tout le monde, débiteur et créanciers.

(1) « Il me répugne, disait un membre de notre barreau, M. Dufaure, lors de la discussion du projet présenté en 1835, de prendre la parole sur toutes les questions relatives au report des faillites, parce que, dans ma profonde conviction, la loi n'aurait pas dû le permettre. »

« Je le déclare hautement, ajoutait M. Laffitte, homme que son expérience rend propre à porter un jugement qui a du poids en de telles matières, je suis entièrement prononcé *contre tous les moyens de faire remonter la faillite*. Je déclare que cette incertitude *aura les plus funestes résultats* pour le commerce. »

(2) Bravard-Veyrières, pag. 61.

Après ces longs développemens donnés à une thèse intéressante, il nous resterait encore à signaler bien des difficultés, bien des détails, sans qu'elle fût près d'être épuisée; nous avons dû nous borner à indiquer les faits les plus saillans, l'actualité qui nous presse ne nous permettant guère de compléter cet examen autant que cela serait nécessaire.

CHAPITRE XIV.

De l'Administration de la faillite. — Vérification des titres de créance. — Modifications que contient le projet de loi a cet égard. — Comment on arrive a reconnaître que les administrateurs de la faillite doivent être pris hors de son sein et n'avoir aucun intérêt en cause.

C'est à simplifier l'administration de la faillite qu'il faut s'attacher, si l'on veut porter coup aux faillites déguisées, source de lucre honteux qui mine sûrement le crédit, précisément parce qu'elle obtient de plus en plus faveur. Tout en maintenant des formes qu'il convenait de modifier, le nouveau projet de loi contient sur ce point plusieurs changemens qui sont destinés à opérer quelque bien dans l'ordre actuel.

Ce n'est pas une des moindres causes de la lenteur avec laquelle on règle le sort de l'insolvabilité, que la violation journellement faite des articles 496 et 497 du code de commerce. Les choses sont venues à ce point que beaucoup de syndics considèrent l'actif de la masse comme une richesse qui leur est propre, et qu'ils s'en servent constamment pour les besoins de leur position. Aussi, pendant qu'on se hâte d'en finir avec l'agence, qui n'admet qu'une administration fort restreinte, l'on cherche à faire durer la mission du syndicat provisoire et définitif. La prompte liquidation de la faillite forçant les administrateurs à vider leurs mains, il en résulte que les syndics ont intérêt à éloigner toute solution par voie de Concordat ou de répartition dernière et générale. C'est donc une modification importante que celle qui dispose — art. 489 du projet de loi — que les deniers provenant des ventes et recouvremens seront versés à la caisse des consignations, et que dans les trois jours du versement il en sera justifié vis-à-vis du surveillant légal de la faillite. L'article précité constitue une précieuse innovation. Je dirai seulement qu'il conviendrait d'étendre l'application de cette règle au syndicat en général. Pour assurer l'exécution de la loi en ce point, l'on devrait, de plus, déclarer, par analogie de ce que le code civil contient — art. 455 — touchant l'administration du tuteur, que les syndics seront, à partir du recouvrement effectué, tenus des intérêts de toute somme recouvrée sur le pied du taux de l'intérêt commercial, s'ils ne font le versement prescrit (1). A cet effet, et pour que la date des recettes ne pût être dissimulée, aucune quittance ne serait valablement délivrée, si elle ne portait le visa du magistrat des faillites; les intérêts courraient au profit de la masse, du jour du visa, et les syndics auraient à justifier de diligences inutilement faites à fin de paiement. Quant au débiteur, les intérêts courraient contre lui de plein droit, le fait de l'insolvabilité *publiquement connue* étant pour toute dette échue une véritable mise en demeure. — Le réglement de ce fait doit influer sur l'apurement de la faillite et sur la gestion de ses intérêts.

La manière dont est réglé dans le code de 1808 le fait de la vérification des créances entraînait des longueurs auxquelles il importait de remédier. A l'agence qui peut durer un mois d'après l'art. 459 de la loi en vigueur, le projet récemment présenté substitue des syndics provisoires dont les fonctions ne durent que quinze jours. Pendant ce temps, loin que la production des titres soit suspendue, les créanciers sont tenus, aux termes de l'art. 491, de les remettre au greffier sitôt la faillite judiciairement déclarée; ce qui fait qu'au bout de peu de jours les syndics peuvent passer à la vérification des créances, opération qui ne commence guère avant six semaines sous le droit actuel. A cette abréviation de temps vient s'en joindre une autre de dix jours, l'art. 492 ne donnant qu'un délai de trente jours, au lieu de quarante, aux créanciers qui n'auront pas fait la remise de titres prescrite par l'article précédent. L'on s'explique difficilement la nécessité d'augmenter, pour les diverses parties de la France, ce délai d'un mois d'autant de jours qu'il y a de fois cinq myriamètres de distance entre le lieu où siège le tribunal et le domicile du créancier. De plus, je regarde comme problématique l'utilité d'un délai de huitaine accordé au créancier vérifié à fin d'affirmation de sa créance. Trois jours sembleraient suffisans. Il faut bien remarquer, en effet, que celui qui a pu être vérifié est sur les lieux, ou se trouve représenté par un fondé de procuration. Or, dans les deux cas, un court délai suffit pour remplir une

---

(1) Je dois l'indication de ce moyen à un homme que son aptitude pour les affaires, la sagacité qu'il y déploie, la confiance qu'inspirent généralement son intelligence, et son zèle, ont placé au premier rang des notaires d'un département voisin. L'intérêt avec lequel il a accueilli la plupart de mes vues sur une matière qui est parfaitement à la portée des hommes de pratique, l'a engagé à me faire part d'une idée que je regarde comme très-judicieuse, et dont il est juste, dès-lors, de rapporter le mérite à qui de droit.

formalité qui n'a pas, du reste, grande valeur. Le second paragraphe de l'art. 593, en substituant le fait de *production* de créances supposées au fait d'affirmation, ce qui serait parfaitement rationnel, et en rendant ainsi le créancier passible de poursuites du chef de banqueroute frauduleuse, suffirait pour prévenir un tel abus. La répugnance qu'ont en général ceux qui sont lésés par une mauvaise affaire à lui sacrifier leur temps et à se déplacer, est réelle ; il faut en tenir compte. Le vice de la loi en vigueur est de multiplier sans nécessité les déplacemens et les assemblées.

Une circonstance qui mérite d'être remarquée, parce qu'elle sera d'une grande influence sur la marche de la faillite, c'est que le principe de l'urgence, dans toute discussion née de la vérification des titres, est consacré par le projet de loi. Les art. 498 et 500 disposent que non-seulement le tribunal de commerce, mais le tribunal civil, seront saisis *à bref délai* de la contestation, et que, suivant les circonstances, le tribunal de commerce décidera s'il doit être sursis ou passé outre à la convocation des créanciers pour délibérer sur le Concordat. Je dirai seulement, à ce sujet, qu'il n'aurait pas fallu se borner à déclarer l'urgence pour la vérification, tout en abrégeant le délai de l'appel ; l'ordre bien entendu exige que toutes causes surgissant à l'occasion de la faillite, et qui doivent en modifier le réglement, soient déclarées *urgentes* devant toute juridiction. La consécration du droit de faire remonter la faillite rendrait indispensable l'adoption de ce principe comme règle d'ordre général.

Pour faire la part de l'équité, certains tribunaux de commerce, et notamment celui de la Seine, au dire de M. Vincens, sont dans l'usage de ne passer à la délibération du Concordat qu'à l'expiration des délais accordés aux absens par l'art. 73 du code de procédure civile. Or, il résulte de ce fait que l'éloignement d'un seul créancier ajourne à six mois et quelquefois à un an la solution de la faillite par Concordat ou par contrat d'Union. Les termes de l'art. 512 sont pourtant de nature à éloigner une telle interprétation. Cette circonstance s'explique par l'absence d'une disposition faisant sur ce point une part équitable aux absens. Le code de commerce eût dû provisoirement admettre la créance de tout individu éloigné, tant que les délais ne sont pas expirés pour lui, et le cas d'*Union* advenant, lui réserver sa part provisionnelle dans les répartitions à effectuer : c'est ce que fait le nouveau projet de loi. — De cette manière on pourra passer outre au Concordat et aux premières répartitions, sans que l'équité soit violée : d'où suit qu'alors même que le fait de vérification soulèverait des incidens d'une solution difficile, comme *tous les délais de droit* ont été fixés dès le début, tant eu égard aux distances que pour les créanciers qui sont sur les lieux, la question de savoir s'il convient de faire un Concordat ou un contrat d'Union peut être agitée au bout de six semaines, à dater du jour où la faillite a été judiciairement proclamée. C'est ce qui résulte des articles 492 et 499 du nouveau projet combinés. Or, sous le droit existant, la production des titres de créance ne peut être faite que sur l'invitation des syndics provisoires, — art. 502, — c'est-à-dire après que l'agence a pris fin, ce qui entraîne quinze, vingt jours et quelquefois plus d'un mois après la déclaration de faillite. De plus, un délai de quarante jours au lieu de trente est accordé à tout créancier pour produire ses titres ; ce délai peut être augmenté à raison des distances pour les créanciers du dehors. Puis, comme les incidens soulevés par les créanciers *présens* opèrent un sursis forcé, il s'écoule inévitablement quatre, cinq et six mois, quelquefois davantage, avant que la question du Concordat puisse être débattue. En ce point, il y a donc notable amélioration sur l'ordre qui régit actuellement le commerce. —Malheureusement, la loi nouvelle détruit d'une main le bien qu'elle a tenté d'opérer sur ce chef, ainsi qu'un examen attentif va le faire voir.

S'il est facile de faire au créancier absent et éloigné une part provisionnelle dans la faillite, au lieu de surseoir inutilement, l'on ne peut, avec autant de facilité, lorsqu'on admet le droit désorganisateur de faire remonter la faillite, assigner aux absens une position incertaine sans laisser, par cela même, tout en question. — Une faillite éclate, le jugement est susceptible d'opposition de la part du failli et des tiers pendant un mois, à dater du jour où elle a été rendue publique par la voie des journaux, —art. 580 du projet. — Quant aux créanciers absens, c'est différent : ils ont pour changer la date de la faillite des délais qui peuvent s'étendre à un an : c'est l'art. 73 du code de procedure qui le dit, et l'art. 581 du projet de loi s'y réfère. Voilà donc une faillite qu'on pourrait liquider en quelques mois, et dont la *date* reste en suspens durant six mois, un an, pour peu qu'un seul créancier réside à l'étranger, aux Etats-Unis, par exemple. Et qu'on ne dise pas que provisoirement l'on vérifiera les créances, l'on composera la masse, l'on fera des répartitions. Le créancier peut se trouver intéressé à faire remonter la faillite ; vous le reconnaissez, puisque vous lui en donnez le droit. Il peut avoir, en effet, exclusivement connaissance de certains faits constatant un état d'insolvabilité antérieur à la déclaration faite. Sa présence, son langage, peuvent changer par suite et la composition de la masse et le chiffre des répartitions; tout sera donc à refaire par le fait seul de l'intervention du droit de faire remonter, droit réservé au créancier absent. Ainsi vous procédez, vous vous hâtez dans la plupart des cas pour aboutir à l'incertitude. Pourquoi du moins ne pas rendre commun aux créanciers le droit établi pour les tiers, art. 580? un délai fatal asez court suffirait dans les deux cas pour laisser épuiser le droit de faire remonter la faillite. A quel titre la condition d'un créancier absent serait-elle exclusivement favorable ?.... — Ainsi c'est toujours à des contradictions, à des difficultés insolubles qu'on est conduit lorsqu'on veut assigner à la cessation de paiemens une date mensongère.

Avant de terminer sur la vérification, et pour n'y plus revenir, je ferai une remarque dont les hommes de pratique sentiront la justesse. L'art. 572, reproduisant à peu de chose près le droit consacré par l'art. 564 actuel, porte que les immeubles seront, en cas d'Union, vendus suivant les formes prescrites pour la vente des biens des mineurs ; d'où il suit que les biens du failli ne peuvent être vendus : 1.º si la vente n'est autorisée par le tribunal civil ; 2.º si un juge ou un notaire commis ne reçoivent les enchères publiques, — art. 458-459, cod. civ. — En plaçant, comme il le fait, de telles ventes *sous l'autorisation du juge-commissaire*, le projet de loi a-t-il voulu déroger au droit établi ? Ce serait le cas de s'en expliquer nettement. Ou ces mots n'ont aucun sens, ou ils impliquent le droit pour le juge-commissaire d'assister aux ventes immobilières. Or, tout magistrat qui autorise une vente judiciaire rend une ordonnance, un jugement. C'est à ce résultat que conduit l'art. 572, et cela à juste titre, car c'est un avantage de n'être pas réduit à attendre long-temps, pour faire vendre les biens du failli, l'autorisation de la justice ordinaire. — Mais aux termes de l'art. 442 du code de procédure civile, les tribunaux de commerce ne peuvent connaître de l'exécution de leurs jugemens ; en conséquence, il est de droit établi que la vente des immeubles ne peut être poursuivie qu'en présence d'un juge commis par le tribunal civil du lieu de la situation des biens. S'il faut donner un autre sens à ces mots : « Les syndics procéderont, sous *l'autorisation du juge-commissaire*, à la vente des immeubles du failli », la rédaction a besoin d'être éclaircie. Non-seulement il conviendrait d'affranchir ces ventes de l'autorisation du tribunal, mais il faudrait qu'elles fussent expressément assujetties à la formalité des enchères reçues par un notaire désigné à cette occasion. Il serait utile de réduire enfin à leur véritable valeur les adjudications préparatoires contre lesquelles on s'élève assez généralement, et qui entraînent deux ou trois mois de retard. — C'eût été le cas d'abréger les délais, de simplifier les formes de la vente immobilière en matière de faillite, et, si j'ose dire, de faire quelques emprunts à la saisie et à la vente des navires, objets qui, quoique *meubles*, représentent souvent de fortes valeurs, et qui équivalent à plus d'une belle propriété foncière. — C'est sur ce point important du prompt apurement de la faillite que l'examen de la législation actuelle doit s'appesantir. Il conviendrait de mettre en peu de temps à la disposition des créanciers le faible dividende qu'ils attendent indéfiniment sous le régime actuel, tout compte tenu d'ailleurs des intérêts du failli. Si l'on veut ôter aux arrangemens clandestins la triste faveur dont ils sont en possession , si l'on ne veut voir s'étendre incessamment cette source de discrédit , il faut rendre tolérable le sort du créancier engagé dans la faillite , c'est-à-dire régler promptement sa condition fâcheuse. — Tout paiement qui se fait attendre perd essentiellement de son prix (1). — Un point plus capital va maintenant nous occuper.

S'il est un fait qui ait de l'importance dans l'apurement de la faillite , c'est le choix des administrateurs qui doivent faire dans ce commun désastre la part équitable de chacun. Or , ce ne sont pas seulement les créanciers qui perdent à cet événement ; la société, le failli lui-même sont et peuvent être fortement lésés : d'où suit qu'ils ont des droits et un intérêt qu'il faut satisfaire. — De ces trois intérêts lequel est le moins suspect , le moins exclusif ; lequel dès-lors est mieux en position de faire à chacun sa juste part et de prendre par suite la gestion de cette infortune ; voilà ce qu'il faut examiner.

Qu'est-ce pour l'ordre social qu'une insolvabilité commerciale ? C'est une calamité qui ébranle le crédit , qui paralyse les affaires , lorsque d'ailleurs aucun reproche grave ne peut être fait à son auteur. En second lieu , ce peut être le résultat de l'inconduite ou de la fraude. Le vol aura pu se cacher sous l'apparence du malheur ; or , le vol doit être

---

(1) Voici en quels termes le commerce de Marseille répond à la question que je faisais touchant les avantages que présente sur une solution régulière un arrangement amiable quelconque :

« Presque toujours les créanciers préfèrent un arrangement onéreux à une faillite déclarée ; cela vient de diverses causes :

» 1.º De la crainte où l'on est de ne plus voir la fin de la faillite ;

» 2 º De la *certitude* que l'on a que le débiteur fera disparaître tout ce qu'il a, *et même le dividende qu'il offre* , si on le fait déclarer en faillite ;

» 3.º De l'appréhension où l'on est des frais énormes qu'entraînent les faillites qui dévorent une forte partie de l'avoir des créanciers.

» Aussi estime-t-on que sur *dix* faillites il y en a *sept* qui sont dissimulées et trois *ébruitées*. — Pour peu , ajoute l'auteur de ces quelques lignes , que l'état de choses dans lequel nous sommes par le fait du code actuel *dure ,* nous aurons *huit et neuf* faillites dissimulées sur *dix* cessations de paiemens. » Cela est clair, je pense, et n'a pas besoin de commentaire.

« Le nombre des faillites, ajoute-t-on plus loin , augmente depuis cinq à six années, *surtout* celui des faillites *arrangeables*. Autrefois, on ne savait pas ce que c'était qu'une faillite ; aujourd'hui, *on tremble constamment* ».

Les arrangemens sont à ce point fréquens et désastreux, que la Provence, dans son langage vif et spirituel, a cru devoir donner une dénomination particulière aux faillites dissimulées. Le patois provençal les qualifie avec raison du nom d'*estouffades*.

puni. Partant, la société a *intérêt* à pénétrer le vrai des choses, pour in-
fliger au vice une sévère punition.

Quels sont, d'un autre côté, les droits du débiteur failli, quel est son
intérêt légitime ? S'il n'est que malheureux, il faut que justice lui soit rendue, et cela promptement. Sa position sera donc examinée avec soin,
avec impartialité, et sa moralité restera le moins long-temps possible un
problème pour ses concitoyens. — De plus, sa libération sera la plus complète possible, c'est-à-dire que les débris de sa fortune seront scrupuleuse-
ment recueillis, pour passer intacts en quelque sorte dans les mains de
ses créanciers. Il ne faut pas que ses obligations deviennent plus lourdes
qu'elles n'étaient. Pour cela, des mains pures et désintéressées manipule-
ront cette fortune ; elles feront s'il y a lieu des parts équitables, avec une
grande économie de temps et de moyens. — D'où l'on voit que l'intérêt
légitime du failli s'accorde de tout point avec celui de la société.

Quant aux créanciers, voici leur position. La faillite les constitue en
perte, et dès-lors ils doivent perdre le moins possible. Comme le failli,
ils ont intérêt à ce que l'actif ne puisse diminuer ; comme lui, ils réclament économie de temps et de moyens. — Or, la société pas plus que le
failli n'est intéressée à marcher à l'encontre de ce résultat. — De plus,
comme la société dont ils font partie, les créanciers ont intérêt à ce que
les faits soient sévèrement scrutés et à ce qu'ainsi le dol puisse être puni.
Le failli lui-même est intéressé à ce qu'on ne puisse le confondre avec
l'artisan de vice et de fraude.

Ainsi, la société, les créanciers et le failli sont d'accord en tout ce qui
concerne leurs intérêts légitimes et seuls avouables. La condition d'un
seul, considérée en équité, résume la condition de tous. Si la question se
trouvait réduite à ces termes, aucun d'eux qui ne pût indifféremment faire
à chacun sa part. — Il n'en est pas ainsi. — A côté de ces droits, de ces intérêts, viennent se placer des exigences dont il faut se défier, parce qu'elles
sont exclusives de leur nature. — Ainsi, dans l'ordre naturel des choses,
un intérêt personnel, exclusif, pousse chaque créancier à se faire dans la
faillite la part la plus large et la plus complète ; une part injuste, car peu
hésiteront à léser dans ce but leurs autres co-intéressés. Or, ni la société,
ni le failli honnête ne gagnent à ce déplorable résultat ; il faut le prévenir
à tout prix. Ainsi, dans l'administration de l'insolvabilité, le créancier est
un homme qui, disposé comme il peut l'être, à répartir d'une manière
inégale les ressources communes, doit exciter la défiance. Son droit reconnu et son intérêt de position pouvant ne pas être d'accord, dans le
doute, dans l'impossibilité de prévoir laquelle de ces deux pensées l'empor-
tera, il convient de ne pas recourir à son intervention dans la gestion de
cette affaire commmune.

De son côté, le failli a aussi un intérêt de position auquel il peut être tenté de tout sacrifier. Outre que sa moralité est douteuse, car il est en faute, et, jusqu'à ce que tout soit éclairci, des préventions planeront sur lui, le failli peut être disposé à retenir une partie de l'avoir des créanciers. — Ce n'est donc pas à de telles mains qu'on peut remettre le sort de la masse. Cet homme est doublement suspect, et la loi fit acte de sagesse en lui ôtant sans délai l'administration de ses biens.

Un seul intéressé reste à considérer dans ses allures ordinaires, dans son maintien : c'est la société ; la société, grande et noble chose, qui se tient constamment en dehors de toutes les querelles, de toutes les affections exclusives, et qui, pour ce motif, peut seule, dans toutes les circonstances, faire à chacun sa juste part. Ni le créancier, ni le failli, ni les intéressés en masse, ni l'un d'entre eux, n'ont rien à redouter d'elle dans tout ce qu'ils ressentent de légitimes exigences ; elle seule n'a pas d'intérêt exclusif, car elle seule veut faire sincèrement œuvre de justice ; elle seule le peut dès-lors. — C'est donc à la société qu'il appartient d'intervenir dans cette occasion. En conséquence elle désignera, en ayant soin de les prendre en *dehors du cercle des intérêts privés qui s'agitent dans ce débat ,* les instrumens capables de mener à bien l'opération. — Les administrateurs de la faillite, ses liquidateurs, seront donc avant tout et par-dessus tout des hommes *sans intérêt en cause,* parce qu'ils peuvent seuls maintenir en parfait équilibre, et concilier ce qui est de sa nature difficile à mettre d'accord : l'intérêt privé et l'intérêt de la justice ; le droit de chacun, celui de plusieurs, et celui de l'ordre social. — Voilà comment la puissance publique est appelée à régler la marche et à faire les parts de chacun.

Et qu'on ne dise pas que les créanciers doivent avoir le choix de ceux qui sont appelés à régler leurs intérêts, que c'est avant tout leur affaire. — Si leur affaire est seule en cause, pourquoi ne pas laisser toute liberté à l'arrangement clandestin, à la spoliation, à ces désordres qu'on déguise et qu'on masque en payant largement le créancier qui crie plus fort et plus haut que les autres? Si c'est une affaire privée, à quoi bon une loi pour réprimer les allures de ce scandale, pour saisir la fraude au passage, de peur que le crédit commercial n'en soit infecté et par suite ruiné? — Que si, au contraire, c'est une affaire commune; si ce n'est pas seulement l'affaire de celui-ci ou de celui-là, mais l'affaire d'une masse, depuis quand l'un des intéressés peut-il être regardé comme un administrateur offrant toute garantie, qui sera obligé de lutter contre les inspirations de l'intérêt personnel? Qu'un individu le présume ainsi, je le conçois; mais depuis quand la loi, mesure de sagesse, peut-elle se laisser entraîner à de semblables pensées? Ah! c'est bien plutôt parce qu'il s'agit d'une affaire commune qu'il ne faut pas qu'elle puisse devenir l'affaire d'un seul ; qu'il ne faut pas que le plus cupide, le plus alerte, le plus influent puisse venir, les mains pleines d'adhésions, de procurations surprises à la crédulité, s'emparer de l'affaire de tous, la gérer, l'exploiter à sa guise, faire la loi à tous et à chacun alors qu'il ne la reçoit de personne ; s'établir en maître et s'enrichir effrontément dans ce désastre général.

Aberration profonde qui, méconnaissant les lois de l'humanité, a donné une prime à l'intrigue, et qui eut pour premier effet de multiplier les rouages là où le besoin d'une seule roue se faisait sentir. Le renouvellement des administrateurs de la faillite, cette succession si artistement établie de l'agence, du syndicat provisoire et du syndicat définitif, renouvellement qui ralentit la marche, qui complique le jeu de la machine, qui retarde la vérification et tout ce qui doit suivre, n'a pas d'autre cause que cette fatale préoccupation. — On nomme des agens, parce que les créanciers n'étant pas connus, ne peuvent désigner leurs mandataires, et que *tel est leur droit*, vous dit-on. — On nomme des syndics *provisoires* et non définitifs, parce que les créanciers n'étant pas vérifiés, ils sont sans *droit* pour nommer les répartiteurs de l'actif. — Voilà où l'on arrive lorsqu'on s'embarque dans un faux système. Complications, longueurs interminables, spoliation, tels sont les trois maux auxquels se trouvent impitoyablement voués le failli et les créanciers. Quelle apparence dèslors que personne veuille s'engager dans le fâcheux dédale de la faillite déclarée ? — Le failli a intérêt à éviter un éclat, car, indépendamment de ce qu'il serait tenu de se faire réhabiliter, il risque d'être ruiné, dépouillé, jeté pour toute sa vie dans une position incertaine sans profit pour ses créanciers ; en conséquence, il élude à tout prix une déclaration judiciaire d'insolvabilité. De leur côté, les créanciers n'ont à attendre que tracasseries inutiles, déplacemens nombreux, et peu ou point de dividende en fin de compte. En voilà, je pense, plus qu'il n'en faut pour que la loi soit violée, et pour que d'un commun accord créanciers et failli se précipitent dans l'arrangement clandestin. — La consécration d'un grand principe d'ordre par le choix d'une *seule espèce* d'administrateurs *étrangers* à la faillite, aurait un résultat directement contraire, ainsi que je le prouverai dans l'exposé qui va suivre. Je m'attacherai surtout à faire ressortir les avantages de ce système simple et si bien indiqué par la nature des choses.

CHAPITRE XV.

CONDITIONS IMPOSÉES AUX ADMINISTRATEURS LÉGAUX DE LA FAIL-
LITE ; MANIÈRE DE RÉGLER LEUR RESPONSABILITÉ. — DU CON-
CORDAT. — COMMENT, A L'OCCASION DE CE TRAITÉ, L'ON EST
PLACÉ DANS LA NÉCESSITÉ DE FAIRE ACTE D'INJUSTICE OU DE FA-
VORISER LA FRAUDE.

L'adoption d'une seule espèce d'agens étrangers à la faillite pour en gérer les intérêts, pour apurer les comptes et mener l'opération à fin par
voie de Concordat ou d'expropriation complète, conduit aux résultats suivans : d'un côté, prompte solution, que rien n'entrave, que rien n'arrête
et n'ajourne par des délais, des formalités sans fin ; de l'autre, solution
impartiale qui profite à chacun des co-intéressés dans une juste propor-
tion.

La solution ne peut manquer d'être prompte, car l'administration de la
faillite sera confiée par le tribunal à des hommes familiarisés avec la comptabilité commerciale ; avant tout et par-dessus tout, les administrateurs
seront capables d'opérer, ce qui se rencontre rarement parmi les créanciers-syndics. Aussi sont-ils forcés, faute de temps ou de moyens, de recourir à des hommes spéciaux, lesquels, rétribués chèrement par la
masse, laissent peser sur le créancier qui les emploie toute la responsabilité de leur manière d'opérer, sans offrir au surplus aucune sorte de
garantie. — Ces hommes-là, il faut les accepter franchement, puisqu'ils
sont nécessaires ; qu'ils paraissent, qu'on les voie procéder au grand jour,
et de cette manière ils assumeront une responsabilité telle que tout le
monde gagnera à ce changement de situation. — Que sert de marchander
avec les faits ? Ou le concours de ces spécialités est indispensable, ou l'on
peut s'en passer : dans le premier cas, et s'il est vrai que les créanciers,
d'ailleurs si jaloux de leur privilége, soient forcés de recourir à leur ministère, imitez-les, et que ce soit non plus pour donner lieu dans l'ombre
à de secrets accords entre le failli, les faiseurs de comptes et les administrateurs en titre, accords qui dépouillent la masse ; mais que ces hommes procèdent seuls, et qu'ils dépendent à l'avenir, non plus de quelques
intéressés habiles à prendre dans une faillite le rôle influent, le rôle *lu-
cratif*, mais de leurs devoirs rigoureusement tracés. — Par suite de ce
changement, la vérification des créances pourra commencer sur-le-
champ, ainsi que le proposait la chambre de commerce de Lyon, car il
ne sera plus nécessaire d'attendre, pour y procéder, que les syndics provisoires soient nommés.

Si l'on craint que de tels agens s'éternisent dans leur mission pour augmenter leur gain et leur salaire, il est facile de prévenir cet abus. D'abord, indépendamment de ce que la surveillance d'un magistrat spécial est faite pour activer la marche de l'opération, l'on pourrait, au lieu d'allouer à de tels administrateurs un traitement proportionné à la durée de leur mandat et à l'importance de l'affaire, laisser le tribunal maître de leur accorder tant pour cent sur les rentrées à effectuer ou sur le dividende offert. De cette manière, on intéresserait les administrateurs de la faillite à obtenir une prompte terminaison, et chacun gagnerait à ce compte.

J'ajoute qu'il n'y a que des hommes faisant office de régler les difficultés qui naissent fréquemment en matière de comptabilité qui, précisément parce que le soin de leurs affaires personnelles ne saurait les distraire, puissent se dévouer d'une manière convenable à la gestion des intérêts d'autrui. Cette remarque aurait dû faire hésiter le Conseil d'état impérial, dans le sein duquel on objecta vainement que les créanciers ne pourraient que fort négligemment administrer une affaire *commune*, qui à ce titre doit les intéresser faiblement. — On ne tint aucun compte de ces remarques judicieuses, et les créanciers-syndics, non *admis* à recevoir indemnité, ont souvent trouvé le moyen de faire chèrement payer leur intervention *gratuite*. Le projet de loi présenté persiste à consacrer cette déplorable pensée dans son article 462; il est vrai que le tribunal peut choisir les administrateurs de la faillite en dehors de la masse des créanciers; mais si la justice consulaire veut ne pas accroître le désordre, elle se gardera bien d'user de cette latitude, car le législateur ne prend aucune mesure pour régler la condition de ces agens de manière à ce qu'ils offrent des garanties sérieuses de bonne et loyale administration. Du reste, tout en reconnaissant que la faillite peut être gérée par des tiers complétement désintéressés, le projet n'en persiste pas moins à instituer trois missions distinctes sous le double nom de syndics provisoires, ce qui est d'un triste effet, et de syndics définitifs. L'agence du code de commerce est donc conservée par le fait, ainsi qu'on l'a remarqué avant nous fort sensément.

Pour ce qui est des garanties d'impartialité que présentent ces administrateurs *uniques*, indépendamment de ce que cela ressort de leur position d'hommes complétement désintéressés au débat, la loi doit s'appliquer à multiplier les sûretés, et dans ce but quelques précautions seraient prises. C'est ainsi qu'il conviendrait d'obliger les administrateurs légaux de la faillite à fournir un cautionnement pour répondre de leur gestion; de plus, des garanties morales devraient être présentées, et les hommes frappés de certaines incapacités civiles seraient de droit exclus de ces fonctions. Le magistrat surveillant légal de la faillite pourrait s'opposer, suivant les circonstances, à ce que les mêmes administrateurs fussent chargés cumulativement de plusieurs gestions, s'ils ne justifiaient d'ailleurs qu'ils déploient dans la mission qui leur a été précédemment conférée tout le zèle, toute l'activité désirables. — De cette manière, les mêmes individus ne pourraient obtenir, au préjudice de la masse et du failli lui-même, le monopole de ces sortes d'affaires. — Enfin, toute preuve de collusion avec l'un des intérêts que la faillite met en cause, tout fait de malversation, donneraient lieu à la perte de l'office, sans préjudice de toutes poursuites criminelles. Les fonds provenant des recettes seraient versés immmédiatement à la caisse des consignations, et l'observation de la loi sur ce chef important serait assurée, ainsi qu'il a été dit, d'une manière toute spéciale.

Un tel système, indépendamment de ce qu'il simplifierait l'administration de la faillite, présenterait, ce me semble, d'autres garanties que celui qui admet l'intervention d'un intéressé, et qui lui permet d'abuser de sa position dans un intérêt privé, c'est-à-dire exclusif de celui de la masse et de celui du failli, indépendamment de ce qu'il viole toutes les conditions de moralité publique (1). — Tout ce qui concerne l'administration de la faillite se trouvant ainsi déterminé, le moment semble venu d'apprécier la solution qu'elle reçoit, lorsqu'il lui est donné d'en recevoir une, par voie de Concordat ou d'expropriation, c'est-à-dire de dépouillement absolu du failli.

Dans les choses humaines l'on considère surtout les résultats, et cela importe à vrai dire. Or, lorsqu'on veut que, dans l'intérêt de l'ordre, des intérêts purement privés soient disposés à prendre une certaine direction,

_____

(1) Ce n'est pas d'aujourd'hui que l'utilité de ne confier l'apurement de la faillite qu'à un genre *unique* d'administrateurs se fait sentir. M. Jaubert avait insisté sur les avantages que présente ce système, dans la séance du 24 mars 1807 du Conseil d'état. Il désirait, est-il dit dans les procès-verbaux, qu'il n'y eût *qu'une espèce de syndics, afin d'éviter les longueurs et les difficultés qu'entraîne toujours un changement d'administrateurs.* — Dans ces derniers temps — 1836 —, un homme dont l'opinion a du poids s'est rallié à cet ordre d'idées, et il a donné à sa pensée, il y a très-peu de jours, des développemens qui rentrent tout-à-fait dans les observations que contient notre précédent exposé. M. Bravard-Veyrières, en insistant, comme il le fait, — voir la *Gazette des Tribunaux*, numéro du 15 mars —, s'attache surtout à mettre en relief la fausseté du point de vue d'où l'on part lorsqu'on veut confier à des créanciers l'administration de la faillite. Il n'est pas, selon cet auteur, d'administrateurs plus suspects. L'opinion de M. Veyrières est pour nous un motif puissant de persister dans des vues qui seules nous avaient paru exactes. La publication du chapitre précédent, sous forme de lettre, remonte au 22 Mars, et les premières lettres datent du 14 Février).

à choisir une route plutôt qu'une autre, il ne faut pas les acculer dans une impasse où tout est possible, hors le bien. Je m'explique.

Il existe pour le failli et pour les créanciers deux moyens d'en finir avec le fait d'insolvabilité déclarée : le Concordat et le contrat d'Union. Il y a sans doute de bons motifs pour créer deux issues, comme diraient les Anglais, là où une seule se présente peut-être naturellement. Sur quels principes, sur quelles idées reposent séparément le Concordat et l'Union, voilà ce qu'il faut examiner.

Qu'est-ce que concorder ? — C'est consentir un traité qui, sans faire au failli une remise absolue de partie de sa dette, en réduit le chiffre forcément, eu égard aux circonstances. Ce traité a du reste pour effet, tout en laissant le débiteur chargé de la qualification de failli, de faire cesser le dessaisissement dont il a été frappé, et de lui accorder la liberté de sa personne, quant aux dettes comprises dans la faillite. L'idée du Concordat est celle-ci : un commerçant en état de cessation de paiemens ne peut payer intégralement ses créanciers ; c'est un fait *reconnu*. — Or, à l'impossible nul n'est tenu. *En conséquence,* on convient de recevoir, soit sur-le-champ, soit à des termes rapprochés, une portion de la créance, moyennant quoi le failli rentre en possession de ses biens et se trouve complétement quitte envers l'intérêt privé. — Vis-à-vis de la morale cet homme est toutefois obligé jusqu'à l'entier paiement de son dû : aussi la loi, expression de la conscience, donne-t-elle du poids à cette obligation sérieuse, en faisant sentir au failli honnête le besoin d'une Réhabilitation sincère. La Réhabilitation, c'est donc ce qui fait du Concordat une chose morale et licite, puisqu'elle implique libération entière. Elle ne peut dès-lors être un mensonge, et doit servir à faire distinguer celui qui a payé toute sa dette de celui qui n'est que partiellement libéré. — D'où l'on voit que le Concordat et la Réhabilitation sont deux faits corrélatifs et que la loi n'a pu envisager séparément.

Reprenant les termes de notre définition, le Concordat, disons-nous, est un traité (1). — Or, tout traité est un contrat, — art. 2044, cod. civ. — qui, dès-lors, ne peut exister valablement que par le libre consentement des parties. Ainsi, le failli ne doit pas être exposé à promettre ce qu'il ne

(1) J'insiste particulièrement sur cette définition qui est d'accord avec les principes du nouveau projet de loi. Suivant M. Bravard-Veyrières, les rédacteurs du projet ont eu tort de déclarer le Concordat résoluble en cas d'inexécution des conditions de la part du failli. La raison que donne cet auteur d'une telle opinion, c'est que le Concordat est encore plus un *acte judiciaire*, par suite de l'homologation qui en est faite, qu'un *contrat*. Je crois que le Concordat participe essentiellemnt de la nature du *contrat ;* que c'est là ce qui domine dans cette transaction.

lui est pas possible d'exécuter, car on ne peut être présumé avoir librement souscrit qu'à des conditions qu'on sait pouvoir tenir. En conséquence, nul ne pourra faire au failli, soit directement, soit indirectement, une loi plus dure que les circonstances ne peuvent le permettre. Et comme le consentement de celui qui est dans un état de dépendance est un consentement suspect, en ce sens qu'il peut être le résultat de la contrainte, il faut prendre des mesures pour que le débiteur failli, homme essentiellement dépendant, ne puisse adhérer qu'à une convention loyale, au lieu de subir la loi du plus fort. D'un autre côté, les ressources de la faillite ne doivent pas être déguisées, et rien ne serait plus déplorable que de frustrer les créanciers, par voie de simulation, d'une portion de ce qui peut leur être payé. Dans une circonstance aussi délicate, il conviendrait que la loi posât les bases du traité, qu'elle en dictât les termes, protégeant ainsi le droit de chacun, dont le consentement serait en quelque sorte suppléé. C'est donc sous ses auspices que seront appréciées exactement les ressources du débiteur, et nulle voix intéressée ne pourra venir en exagérer ou en dissimuler la consistance. — C'est dans de tels cas, pour le dire en passant, que se fait sentir la parfaite convenance d'un choix d'administrateurs *étrangers* à la faillite et n'ayant aucun intérêt en cause.

Dans un tel système, je concevrais donc comme mesure de sagesse indispensable, car je raisonne ici hypothétiquement, ainsi que la suite le fera voir, que l'actif de la faillite fût estimé, et que l'estimation fût affirmée sincère et véritable en justice par les administrateurs, lesquels seraient, du reste, autorisés à s'aider de tous experts à cet effet. Le rapport serait terminé par une déclaration qui présenterait le chiffre de l'estimation, et qui, reproduite oralement, donnerait au serment judiciaire la solennité dont cet acte a besoin. C'est dans de tels cas surtout qu'il faudrait se montrer esclave de la forme. Le serment est un acte sérieux, et notre justice en fait un acte banal par le manque d'appareil. — C'est ainsi qu'on achemine le justiciable au parjure.

Cette manière de procéder, si elle ne remédiait à tous les inconvéniens qui peuvent être signalés en cette matière, aurait du moins cet avantage que le failli serait protégé contre la cupidité, contre les exigences de certains créanciers, et que la masse serait mise à l'abri de ces Concordats onéreux qui font tomber le débiteur de mal en pis, et qui lui préparent une chute plus déplorable. De leur côté, les créanciers n'auraient pas à craindre que l'actif fût dissimulé dans l'intérêt du failli ou de quelque ayant-droit dont l'influence a besoin d'être payée. D'où suit qu'un tel mode d'opération aurait pour les intéressés quelque chose de plus rassurant que ces pactions secrètes, ces estimations mensongères et complaisantes dans lesquelles tout le monde peut être dupe, parce que chacun peut duper impunément. — Mais , et j'ai hâte de le dire , si des mesures aussi bien faites pour protéger l'intérêt de tous préviennent de graves inconvéniens , elles sont loin de faire raison de toutes les difficultés que soulève la thèse du Concordat. Sur ce terrain , dont l'intérêt personnel a pu sonder toutes les profondeurs, l'embarras augmente à chaque pas , et l'impossibilité de satisfaire à toutes les exigences de l'ordre et de l'équité semble démontrée à mesure qu'on avance.

C'est peu que les créanciers soient protégés contre des manœuvres qui tendraient à dissimuler la consistance de l'actif auquel ils ont droit ; il faut qu'ils traitent librement et de manière à ce que la détermination de l'un ne puisse entraîner , suppléer la détermination de l'autre. C'est ainsi qu'il peut arriver que quelques-uns d'entre eux ne veuillent pas consentir la remise de dette proposée, se fondant sur des motifs de toute convenance. Par exemple, cette réduction paraît excessive à quelques-uns , ou seulement à l'un d'entre eux ; or, ce droit isolé est tout aussi sacré, tout aussi recommandable que celui des autres intéressés, si d'ailleurs la manifestation qu'il provoque a sa source dans un sentiment consciencieux. Ainsi le créancier dissident peut croire qu'on n'a pas apprécié à leur juste valeur les ressources de la faillite ; en second lieu, il peut , et cela est infiniment plus grave , n'avoir aucune foi dans les promesses , dans l'avenir , dans la capacité du failli. Une seule chose lui paraît convenable et sûre , c'est l'apurement de la situation et la répartition immédiate du dividende offert. Il est du reste convaincu qu'en butte à toutes les conséquences du contrat d'Union , incessamment menacé dans sa propriété , le débiteur finirait par faire des efforts considérables pour sortir d'une telle position. Sa famille, ses amis mêmes pourraient être tentés d'intervenir, et le créancier dissident ne fait nul doute qu'il ne fût payé intégralement d'une créance à l'occasion de laquelle il ne peut consentir aucune perte qui ne lui soit très-onéreuse. Or, dans de telles circonstances , de quel droit lui imposera-t-on le traité proposé ? Sera-ce le droit de la majorité, c'est-à-dire le droit du plus fort, qui prévaudra ? — C'est une fâcheuse manière de sortir d'embarras ; disons mieux, c'est une injustice.

D'autre part, il peut arriver, et c'est même ce qui n'est pas rare, que l'opposition du créancier, soit qu'on exige le consentement de la majorité des voix ou seulement l'adhésion des porteurs des trois quarts des sommes , soit qu'on fasse acception de ces deux faits conjointement à l'exemple de la loi actuelle ; il peut, dis-je, arriver que cette opposition ait sa source dans un sentiment peu honorable, dans des exigences déplacées , révoltantes même par leur iniquité. Ainsi, ce créancier qui à lui seul tient en échec et le failli et la masse, qui s'est ménagé le rôle d'arbitre souverain, cet ayant-droit isolé, a peut être réclamé secrètement des avantages que le débiteur n'aura pas voulu accorder, parce que, ne pouvant faire un sort semblable à tous ses créanciers, il n'aura voulu favoriser personne aux dépens de la masse. En conséquence, et pour pousser à bout son obligé, peut-être même pour se venger de lui, ce créancier s'oppose au Concordat, il y met son *veto* et le rend impossible. — Monstrueux abus auquel conduit dans toutes les combinaisons de votes possibles le respect du droit individuel. J'ajoute que rarement les choses vont jusque-là, et le traité secret, pacte d'immoralité, vient en général vaincre ces résistances déloyales. Aussi, dans ce traité public approuvé en justice et portant tous les caractères extérieurs de la sincérité, il y aura, comme dans les traités diplomatiques, des clauses, des articles secrets; les arrangemens clandestins auront eu cours, et le Concordat, œuvre de mensonge, ne fera que masquer une indécente spoliation (1).

C'est ainsi que des deux côtés il existe un sujet d'incertitude et d'extrême embarras. Ici, le droit incontestable; plus loin et sur le même plan, l'abus, l'iniquité qui veille et qui est prête à déjouer tous les calculs du législateur. La difficulté est des plus grandes, je le répète, dès qu'il s'agit de faire à l'intérêt, mais au seul intérêt légitime, une part équitable. Sacrifier à l'influence du nombre le droit individuel, ou lui donner une telle valeur qu'il puisse spéculer sur son importance et se faire acheter, telles sont les seules solutions possibles: entre la fraude et l'iniquité il faut se décider et choisir.

Que si l'on prétendait que l'embarras vient surtout de ce qu'on se rallie avec plus de droiture de cœur que de raison au système du vrai absolu, je réponds que cela recule la difficulté sans la résoudre. Ainsi, qu'on s'étonne, quoiqu'il n'y ait pas à cela grand sujet d'étonnement, que nous mettions en balance le droit d'un seul et celui d'une masse de créanciers; que l'on dise qu'en un tel sujet de doute, le vœu de la presqu'unanimité doit prévaloir sur l'opposition d'un seul, quoiqu'à vrai dire ce soit chose fort déplorable, fort inique que de comparer une perte de dix mille francs, éprouvée par celui qui en possède deux ou trois cents, avec le préjudice que cause au simple artisan une faillite qui lui enlève le fruit de sa longue épar-

---

(1) L'art. 597 du projet de loi prévoit et punit le cas de ces marchés secrets; mais qui ne sait que les effets en blanc rendent insaisissables de pareilles manœuvres. L'exception d'ailleurs ne pourrait être opposée aux tiers, chacun devant à sa signature apposée sur tout effet négociable. Quant aux contrats, les prête-noms sont là, prêts à se purger par serment de toute prévention de fraude. Il faut remonter plus haut et voir si le mal ne constitue pas un vice inséparable de l'institution.

gne (1); que l'on persiste à mettre en même ligne la condition du rentier ou de l'ouvrier, qui ne seront certainement pas tentés de porter de nouvelles offrandes au débiteur failli, et celle du négociant d'autant plus *coulant* à l'endroit du Concordat qu'il espère, en traitant de nouvelles affaires avec son débiteur, aussitôt l'homologation obtenue, avoir occasion de *se refaire* des pertes éprouvées; espoir d'autant plus fondé que ce failli privé de crédit frappera forcément à la porte de son ex-créancier qui peut ainsi le rançonner impunément; qu'on mêle tout, qu'on s'évertue à tout confondre pour la plus grande gloire de la justice distributive, rien de mieux; mais si de tels expédiens résolvent certaines difficultés, ils sont loin de fournir réponse à tout. Ainsi, quel que soit le chiffre de la majorité à laquelle on donnera le droit de valider le Concordat et de réduire au silence les opposans, il y aura dans la masse un concours de votes se mettant à l'encan pour constituer la majorité. Si, sur vingt voix, onze vous sont nécessaires pour concorder, deux ou trois créanciers, manipuleurs effrontés de votes et d'intérêts, se chargeront, moyennant quelques blancs-seings, de vous rallier les voix nécessaires. Et si le failli hésite, l'un de ces créanciers, porteur d'une créance qui excédera le quart du passif, viendra l'effrayer, le menacer de son *veto* inique. — Ainsi, et quelles que soient les combinaisons, le fait du Concordat met, je le répète, la loi dans la nécessité de seconder la fraude ou de sanctionner l'injustice.

Dans de telles circonstances, et plutôt que d'entrer indéfiniment dans les mille subtilités de fait à la poursuite desquelles le droit ne pourrait que s'égarer, il convient, je le crois, de tout ramener aux grands principes d'ordre général qui régissent les cas difficiles. L'embarras qu'on éprouve vient de ce que le Concordat et le contrat d'Union existent l'un à côté de l'autre, et qu'à défaut du premier, c'est le second qui règle et détermine la condition du failli. Or, s'il était clairement démontré que ces deux issues ne peuvent exister ensemble dans la loi sans de graves inconvéniens; que l'une d'elles mérite seule de fixer l'attention du législateur, et qu'il est dangereux, d'un effet déplorable de tenir la faillite suspendue entre ces deux solutions contraires; de donner à choisir là où l'option est condamnable, et où elle traîne inévitablement à sa suite la fraude et le scandale, les accords secrets qui se trouvent couverts de toute l'inviolabilité des décisions judiciaires; certes, la tâche serait, dans ce cas, grande-

(1) Ces cas sont très-fréquens. Il n'y a pas bien long-temps encore qu'un tonnelier retiré des affaires s'est trouvé compris pour une somme de 6,000 fr. dans une faillite considérable. Ce malheureux s'est vu contraint, malgré son âge avancé, de reprendre, pour vivre, le tablier et les outils de sa profession. — Allez imposer le Concordat à un tel homme.

ment simplifiée, et la question serait par cela même résolue. — C'est donc à l'examen de ce point important qu'il faut ramener le débat : tel sera l'objet du dernier exposé.

CHAPITRE XVI.

Du Concordat et de l'Union considérés dans leur corrélation et du concours ouvert a ces deux genres de solution. — Comment on pourrait concilier les droits de chacun avec les exigences de l'ordre. — De la Réhabilitation. — Des peines en matière de banqueroutes. — Résumé général.

Rien ne sert de vouloir se faire illusion : l'embarras qu'on éprouve à régler convenablement le sort de la faillite, les inconvéniens auxquels vient butter la légalité en vigueur, n'ont d'autre cause que la consécration de deux issues, le droit de choisir entre le Concordat et l'Union. Si le Concordat dégénère en une jonglerie véritable ; s'il est dans la plupart des cas, je pourrais dire dans tous les cas, le résultat de la fraude et de l'intrigue, la sanction immorale du droit du plus fort, c'est que l'Union est là, c'est qu'elle menace de placer le failli sous sa dure loi ; c'est qu'une sorte de concours est ouvert entre un tel accord et la solution redoutée. — Solution déplorable en effet, qui, dans l'ordre actuel, n'a ni terme ni fin ; qui, sans distinguer l'infortune de la mauvaise foi ou de l'inconduite, tient l'homme à la discrétion de l'homme, et le frappe d'une expropriation indéfinie sous prétexte d'opérer une liquidation qui n'arrive jamais. Dans cette position équivoque, incertaine, privé de crédit et d'appui, quel refuge reste ouvert au failli contre les maux présens, quelle espérance peut-il placer dans l'avenir, quelle sera sa vie ? Car, en devenant insolvable, l'homme ne renonce pas à l'existence, tous les liens qui l'unissaient à la société ne sont pas rompus, il vit, et sur lui pèsent peut-être des devoirs, à lui se rattachent des destinées avec lesquels il n'est pas facile d'en finir. Or, quelle solution que celle qui n'en est pas une, quelle issue que celle qui vous étreint au passage sans que vous puissiez faire autre chose que vous perdre en vains efforts, que vous consumer dans toute la misère de l'impuissance !

C'est là ce que j'appelais récemment acculer l'homme, le malheur même dans une impasse ; c'est là ce qui effraie le débiteur insolvable, et ce qui ëxplique ces nombreux Concordats où la rapacité de quelques-uns fait la loi au failli et au plus grand nombre. Encore si le sauf-conduit protégeait convenablement le failli jusqu'à la liquidation de l'Union, ainsi que la loi semble l'impliquer ; mais que de fois la durée du sauf-conduit étant limitée et l'Union ne prenant pas fin, des poursuites individuelles ont cours contre le débiteur !

Et l'on veut qu'en présence de pareils faits, le commerçant insolvable vienne se jeter volontairement dans le gouffre sans fond de la faillite déclarée ? l'on veut qu'il ne pactise pas à tout prix plutôt que de faire un mortel éclat ? — Et si d'autre part il déclare en justice son état de cessation de paiemens, vous ne voulez pas qu'il achète à tout prix le bénéfice, la faveur d'un Concordat? vous ne voulez pas surtout qu'on puisse lui vendre cette faveur, vous qui le menacez de l'Union, donnant ainsi une prime à l'intrigue, au créancier cupide, à l'homme qui, *pour perdre le moins possible,* spéculera effrontément sur le juste effroi du failli ? — N'est-ce pas vous cependant qui déclarez la guerre aux pactions clandestines? Ainsi, et pour donner du poids au Concordat, pour qu'il puisse être chose équitable et sincère, vous avez soin d'exclure les créanciers nantis de gage ou favorisés d'une hypothèque des délibérations relatives à ce traité ; c'est vous qui, par de nouvelles dispositions, — art. 509, — ajoutant aux précautions adoptées par le code de commerce, exigez non-seulement que le traité soit signé *séance tenante* par la majorité voulue, mais qui déclarez que si la délibération, faute d'avoir eu ce résultat, est renvoyée à huitaine, *les résolutions prises et les adhésions données lors de la première assemblée demeureront sans effet ;* d'où suit qu'il faudra recommencer sur nouveaux frais.

Or, qui ne voit tout ce qu'une telle façon d'opérer a de faux et de contradictoire? Est-ce donc pour surexciter les manœuvres coupables qu'on entoure le Concordat de difficultés nouvelles (1)? L'Union n'est-elle pas suf-

---

(1) S'il est une opinion généralement accréditée et qui se soit produite successivement avec avantage dans les discussions législatives, c'est qu'il faut s'attacher à rendre le Concordat *difficile,* afin que la mauvaise foi ne puisse spéculer sur le fait de l'insolvabilité commerciale. C'est à cet ordre d'idées que se sont ralliés les rédacteurs du projet de loi ; « Il importe, disait M. Bégnaud (de » St.-Jean d'Angely), qu'on ne puisse colporter des Concondats sur lesquels » on obtient des signatures par faiblesse, par séduction, par corruption ». Dans ce but, la section insista vivement pour que le Concordat fût signé *séance tenante.* Tous ces soins, toutes ces précautions ne devaient pas aboutir à grand chose, car l'on sait avant le jour de l'assemblée si l'on parviendra à concorder ou si l'on ne doit pas compter sur une telle résolutio'. A cette heure, les menées ont eu lieu, les moyens d'influence ont été tentés et épuisés. Plus on rend

fisamment un sujet d'effroi? fallait-il lui donner de telles chances d'avenir que le débiteur soit plus que jamais éloigné de se déclarer, ou qu'une fois proclamé en faillite, le créancier influent ait une forte prime, et qu'il puisse vendre à son obligé la faveur d'un arrangement onéreux pour les autres co-intéressés ? Voilà où l'on arrive, je le répète, lorsqu'on fait marcher de front deux actes de nature si opposée, lorsqu'on les fait concourir ensemble de manière à ce qu'ils s'entrechoquent forcément. C'est par l'Union qu'est faussé le Concordat, qu'il est vicié dans son principe, et qu'il équivaut à un mensonge, à un acte d'iniquité.

Que l'on prétende maintenant que ces solutions si distinctes au premier abord s'enchaînent, que le traité amiable et l'Union sont choses corrélatives qui marchent parallèlement, pour la plus parfaite consécration possible de l'intérêt des créanciers; que le droit d'accéder à un contrat implique celui de le repousser, et qu'il serait d'une souveraine injustice de ne pas accorder à l'une des parties contractantes une complète liberté, en la laissant maîtresse d'opter, c'est-à-dire de se placer sous une loi conventionnelle ou sous l'empire du droit commun; que l'on présente ainsi le fait de l'Union et celui du Concordat comme embrassant le sujet d'une manière complète et rationnelle, je répondrai que la question porte à faux, et qu'il est parfaitement impolitique de mettre aux prises le créancier et le failli, d'agiter une querelle là où l'on ne devrait s'appliquer qu'à faire loyalement la part des intérêts en cause. Le tort de ce système est précisément, et sous prétexte de rendre hommage aux droits des créanciers, de leur ménager une issue telle, que le failli doive l'éloigner à tout prix dans son propre intérêt, ce qu'il fait constamment aux dépens des créanciers eux-mêmes. L'Union manque son but : elle n'empêche pas le Concordat, mais elle le rend moins sûr, moins licite et plus désastreux, c'est-à-dire plus véritablement onéreux à la masse des créanciers. — C'est donc un autre lot, une tout autre alternative qu'il faudrait présenter aux intéressés ; c'est surtout une solution moins désespérante pour le failli qu'il conviendrait d'adopter, car, on le voit, l'intérêt légitime du failli n'est, à vrai dire, que celui des créanciers, aux dépens desquels tout se nivelle en définitive, lorsqu'on veut méconnaître cette vérité. Convaincu, quant à moi, que le système des exclusions ne vaut rien là où il est si facile à l'intérêt personnel de faire la loi, — et je voudrais que les hommes d'intelligence pesassent mûrement une aussi grave considération, — je ne vois qu'un

---

le Concordat difficile, plus on favorise le courtage des votes et les arrangemens clandestins: c'est un fait prouvé par une longue expérience. La question ne doit pas être réduite à ces étroites proportions; elle doit être prise de plus haut, ainsi que cela peut être facilement établi.

moyen de sortir d'embarras : c'est de satisfaire, dans tous les cas possibles, l'équité, et de couper court aux traités individuels et secrets. Veut-on qu'un créancier ne puisse mettre sa voix, son influence à prix à l'occasion d'un accord débattu ? il faut être juste envers tout le monde, et ne sacrifier aucun droit à celui d'autrui ; car le droit sacrifié ne prend conseil que de l'injustice, et bientôt il pactise avec l'immoralité. Ce que j'entrevois ne sera ni le Concordat, ni l'Union, mais ce sera, ce qui vaudrait beaucoup mieux, la haute consécration de l'intérêt de chacun dans de justes proportions.

Ainsi, partant de ces deux principes, que tout ce que possède le failli, qu'il soit ou non excusable, appartient à ses créanciers, mais qu'en revanche, cette part équitable étant faite, la masse n'a, quant à l'avenir, aucun droit sur la vie du débiteur reconnu malheureux ; que si aux yeux de la morale il est indéfiniment obligé, ce n'est pas un motif pour que la loi du négoce puisse le menacer incessamment dans sa fortune, car ce serait le frapper dans sa liberté, le paralyser ; ce serait lui ravir la *possibilité* de s'acquitter un jour de tout son dû, et de se réhabiliter (1) ; que c'est là qu'on arrive lorsqu'on suit les principes dans toutes leurs conséquences, et qu'il n'est qu'un cas où le débiteur puisse être incessamment atteint, celui où la fraude lui aura servi d'agent et de marchepied, celui où l'insolvabilité commerciale aura été envisagée comme un sûr moyen d'acquérir des richesses aux dépens d'autrui ; que c'est pour de tels misérables que la loi doit garder toutes les persécutions de l'intérêt privé après les avoir atteints de ses rigueurs ; placé, je le répète, à ce double point de vue, qui est celui de la morale et de la justice bien entendue, l'on arriverait à une solution qui me semble remplir toutes les exigences de la raison. Ainsi, je concevrais parfaitement une situation dans laquelle le failli perdant au début la propriété de tout ce qu'il possède, ses biens, après avoir été *sur-le-champ* estimés à leur juste valeur par les administrateurs de la faillite, formeraient dividende non susceptible de réduction. En conséquence, il serait procédé à la réalisation immédiate de cette for-

---

(1) C'est ce principe que consacre pour le failli le fait du Concordat homologué. Je ne crée ici rien de nouveau. Le projet présenté est assurément inconséquent, lorsqu'après avoir affranchi — art. 539 — le failli déclaré excusable en fin d'Union, de la contrainte par corps, il le laisse implicitement placé sous le coup des poursuites individuelles quant à ses biens futurs. J'avais toujours considéré le contrat d'Union comme une solution établie dans l'intérêt des créanciers, mais non comme une peine destinée à aggraver la condition du débiteur malheureux et excusable. Notez que dans l'art. 541 la loi, pour plus de rigueur, supprime le bénéfice de la *Cession de biens*.

tune qui est celle de la masse. Les ventes opérées, les recouvremens de tout ce qui peut être dû au failli se trouvant effectués, la répartition qui serait faite en conséquence régulièrement par l'administration chargée de liquider l'opération, tiendrait lieu du dividende originairement apprécié; et dans le cas où le dividende réel excéderait celui présumé, l'excédant tournerait au profit de la libération du failli.

Ce serait là une sorte d'abandonnement de biens consenti par le débiteur envers la masse, et traitant à forfait. — Cette solution offrirait toutes garanties aux divers intéressés, précisément parce qu'elle ne constituerait ni un Concordat, ni un état d'Union, ni une Cession de biens volontaire. Elle différerait du premier en ce que les administrateurs légaux de la faillite seraient chargés de vendre aux formes de droit, de faire les recouvremens, et de répartir l'actif entre tous les créanciers, circonstance qui est empruntée à l'état d'Union. En second lieu, l'actif ayant été estimé en toute justice, le failli serait libéré, quel que fût le résultat de la liquidation, à due concurrence du dividende fixé, lequel ne serait pas susceptible de diminution. Le débiteur serait ainsi protégé contre ces traités onéreux qui souvent déterminent une nouvelle catastrophe, et les créanciers seraient assurés que les ressources de l'actif n'ont pas été dissimulées : plus de vote dès-lors, plus de délibération, tant pour fixer le chiffre des engagemens auxquels le failli doit souscrire, que pour déterminer, en violation des droits de la minorité, s'il convient de suivre la foi d'un débiteur qui s'est déclaré insolvable. Or, c'est surtout cette épreuve fatale qui fait du Concordat la plus ténébreuse, la plus inique des solutions. Que sert de vouloir mettre sous le patronage de la législation ce qui est mauvais en soi, pour tenter une amélioration chimérique? Pourquoi persister à mettre en présence deux faits qui s'entre-nuisent sans profit pour l'intérêt public et privé? Rendrez-vous l'Union plus tolérable au failli? Mais dans ce cas le Concordat n'a plus ni importance ni valeur, tandis que c'est le contraire qui arrive. Ainsi, et par cela même que le droit d'option existe, que l'on établit deux alternatives, par cela même on met l'un des intéressés *en position de faire la loi à l'autre.* Je ne vois donc dans tout ce débat qu'une seule issue, je le répète, qu'une solution qui mérite faveur : la prompte fixation du dividende, de manière à ce que le chiffre ne puisse varier au gré de telle ou telle influence en cause (1). Que si l'on objectait que les frais de toute sorte ne pouvant être appréciés d'a-

_____

(1) Il va de soi que le rapport des administrateurs devrait être homologué en justice, sauf l'opposition de tout ayant-droit. Il faut d'ailleurs que ce rapport puisse constituer une base légale d'opération, le cas de libération complète advenant et venant provoquer la Réhabilitation.

vance, le chiffre de ce dividende restera par cela même incertain, variable; je réponds que le failli exempt de reproche — et la présence du magistrat d'enquête mettra cette vérité dans tout son jour — et qui abandonne tout ce qu'il possède, éteint par cela même sa dette à concurrence de ce qu'il a cédé; que l'infortune qui pèse sur un seul est plus favorable que celle qui est répartie entre plusieurs, sauf, si le dividende réalisé excédait le chiffre de celui estimé d'avance, à couvrir les frais d'autant.

Ce mode de solution participe de la Cession de biens, en ce que ce serait, sauf le cas de la délivrance de tout secours jugé convenable, un abandonnement général qui opérerait décharge de la contrainte au corps pour les créances comprises dans la faillite. Mais cet abandon diffère du fait précité en ce qu'il opère pour l'avenir, à l'exemple du Concordat, *remise équitable* de dette. — Je ne vois pas à quel titre le débiteur serait plus rigoureusement traité dans ce cas que lorsqu'il impose ou subit un traité inique et suspect à tant de titres.

L'on insiste, car l'on ne peut manquer de faire remarquer qu'un tel mode d'opération est *nouveau*, qu'il n'a d'exemple nulle part. A cela je réponds qu'il me paraît indiqué par la nature des choses, c'est-à-dire par la raison, la plus vieille des autorités, il faut bien le reconnaître. Cet expédient est d'une seule pièce, il marche dégagé de toute alternative, ce qui est un bien précieux. S'il confie à des administrateurs une tâche immense, en revanche on a eu soin de les choisir complétement *étrangers* au débat, on a exigé d'eux des *garanties* sérieuses ; de plus, ces agens sont constamment placés sous la *main*, sous la *surveillance* d'un magistrat spécial. J'ajouterai que ce système a su conserver, tout en simplifiant leur mécanisme, les formes protectrices de la sincérité des ventes. Seulement, et pour que les évaluations faites au début fussent le plus possible exactes, il pourrait être dit que l'indemnité de tant pour cent allouée aux administrateurs serait fixée au gré du tribunal, lequel prendrait néanmoins pour base, soit l'estimation, soit le chiffre de l'actif recouvré en fin de compte. De cette manière, la sincérité, le soin le plus soutenu présideraient à toutes les opérations. — C'est ainsi que chacun trouverait sûreté, protection, bonne et prompte justice, chose que n'ont jamais donnée les agens, les créanciers-syndics du régime actuel, et les solutions par voie de Concordat ou d'Union, quand il arrive aux faillites de faire une fin. Ainsi serait fermé tout accès à la fraude, à la spéculation, la suppression du droit d'opter empêchant l'iniquité de mettre son vote et son influence à l'enchère, et la justice pour tout le monde ayant un invincible cours.

Dans un tel système, l'obligation de mériter la Réhabilitation et de l'obtenir, par suite de l'impossibilité où l'on est de faire une faillite déguisée, sert de sanction puissante, et devient, indépendamment des peines réser-

vées à tout acte coupable , une obligation précieuse. Si celui qui évite de se
déclarer, et qui fait un arrangement clandestin, peut impunément se prévaloir dans la suite d'une fortune mal acquise, en revanche , dans notre
pensée, la honte suit l'éclat, et l'éclat suivant de près les embarras, nul ne
peut spolier des créanciers qui ont au surplus l'œil ouvert, *intéressés* qu'ils
sont à suivre tous les mouvemens de leur débiteur La Réhabilitation est
donc ici chose fréquente et indispensable; aussi conviendrait-il , en la dégageant de certaines complications, de travailler à ce que la libération fût
sincère. Dans ce but, l'on pourrait assujettir le créancier à affirmer *par
serment* qu'il a été véritablement payé. — Lorsque pour la première fois le
Conseil d'état de 1807 s'arrêta à l'indication de ce moyen, l'archichancelier
objecta que le créancier de mauvaise foi ne manquerait pas de mettre un
prix à son serment, ce qui livrerait le débiteur à des exigences déplorables.
Ce motif, s'il avait du poids, ne porterait que sur de rares exceptions;
or, ce n'est qu'en vue des cas généraux que la loi doit et peut statuer. —
On pourrait, au surplus, sur la demande du débiteur, adresser au créancier récalcitrant l'interpellation inverse, et l'obliger à se purger par serment de la légitimité de son refus.

Pour ce qui est de la pénalité, je dirai qu'elle devrait atteindre inévitablement la fraude et les efforts de la spéculation. Dans ce but, il devient
nécessaire d'échelonner les faits, de tout graduer, si l'on veut pouvoir
être juste au besoin. En conséquence :

Toute dissimulation frauduleuse de valeurs en matière de faillite , toute
supposition de créances, tout fait ayant pour but de grossir mensongère-
ment le passif ou de diminuer l'avoir des créanciers, étant un *vol* , porterait cette qualification. Le mot de banqueroute frauduleuse est un mot qui
n'a plus rien d'assez accentué, d'assez vif dans l'état de nos mœurs et de
nos habitudes : aussi conviendrait-il de placer très-distinctement de tels
faits sous la section première du code pénal qui traite spécialement des
vols. Là viendrait prendre rang cette partie de l'article 402 du code criminel
à laquelle se réfèrent les articles de la loi proposée qui traitent de la banqueroute frauduleuse. Le failli atteint de pareils soupçons serait poursuivi
correctionnellement comme *voleur :* il faut appeler les choses par leur nom
si l'on veut que la loi influe sur les mœurs. La peine serait de trois à cinq
ans de prison, avec mise sous la surveillance de la police pendant un égal
espace de temps. — Ou je me trompe, ou cet ordre de pénalité aurait plus
d'effet sur les bilans et sur la conduite des faillis, que les travaux forcés à
temps qui n'atteignent personne. — Les articles 591 et 592 du nouveau
projet sont suffisamment explicites à quelques égards.

Quant à la banqueroute simple, la peine serait de six mois à deux ans
d'emprisonnement , ce fait attestant le dérèglement, l'inconduite , et sou
en délicatesse.

Les complices fauteurs sont de droit assimilés à l'auteur principal , et punis des mêmes peines.

Pour ce qui est des faillites des courtiers et agens de change , il y a infiniment à dire sur ce point où la loi violée remplit incessamment le rôle le plus déplorable. — Ou ses prescriptions sont en harmonie avec l'intérêt de la société, et il leur faut une sanction sérieuse ; ou elle lutte en vain contre la force des choses , et, dans ce cas, pourquoi la faire assister froidement au mépris de ses prescriptions ? Il serait mieux de la rendre muette. Dans tous les cas , il faut reconnaître que c'est une déplorable aberration que de menacer des Travaux forcés à perpétuité l'agent de change qui tombe en faillite. La réclusion suffirait : elle vaut infiniment mieux.

Arrivé à ce point de la discussion où , quoiqu'il puisse rester à dire, je dois m'arrêter sous peine d'abuser d'une bienveillante publicité, je résumerai en peu de mots les faits et les principes qui m'ont guidé dans le cours de cet examen :

Abus scandaleux , abus flagrant de l'état d'insolvabilité commerciale , fait destructif de tout crédit , et par cela même de tout négoce ; tel est le point de départ naturel de la loi projetée, tel est aussi le nôtre. — Ce fait a sa source :

Dans la facilité avec laquelle on peut, *sans bruit , sans honte , à tout prix , à toute heure ,* s'approprier tout ou partie de la fortune d'autrui. — L'insolvabilité commerciale déguisée , le traité secret , voilà ce qui mine le crédit, voilà ce qui désespère le commerce et paralyse son essor. — Ce fait s'explique :

1.° Par l'inefficacité de la loi actuelle , complétement dépourvue de sanction ;

2.° Par les lenteurs sans fin , par les complications qui sont inséparables d'une faillite déclarée. — C'est ainsi qu'est froissé l'*intérêt* du débiteur, celui du créancier ; c'est ainsi que l'arrangement clandestin, pacte d'immoralité, élément de ruine et de désordre, obtient faveur.

Dans l'intérêt de l'ordre social , dans l'intérêt du commerce, par lequel vit et prospère la société , toute déclaration d'insolvabilité commerciale doit être *publique ;* de plus , elle doit être *prompte.*

Elle sera *publique :* car la publicité donnée à la condition de débiteur insolvable fait déchoir l'homme à ses propres yeux, après l'avoir frappé d'une sorte de honte aux yeux de ses semblables ; d'où résulte une sanction , un frein salutaire.

En second lieu , cette déclaration sera *prompte :* le jour, en effet, où le débiteur ne peut plus lutter contre les embarras qui le pressent , le jour où il *manque à ses engagemens ,* il devient *suspect* dans l'administration d'une fortune qui a cessé d'être *sienne.* — Pour assurer l'observation scrupuleuse de ses dispositions sur ce chef important, la loi doit mettre successivement en jeu l'intérêt du débiteur et celui des créanciers. En conséquence :

Une peine *inévitable* atteindra le débiteur en faute ; d'un autre côté, et dans le cas contraire, un adoucissement de position, une *récompense* lui revient : la délivrance plus facile du sauf-conduit.

A son tour, le créancier sera *intéressé*, et cela sous plusieurs rapports, à faire déclarer promptement l'état d'insolvabilité du débiteur. Ainsi, et en premier lieu, la cessation de paiemens n'aura qu'une date, elle ne pourra remonter à une époque antérieure à celle de la déclaration faite; 2.º le réglement de la faillite sera *prompt* ; 3.º il offrira toutes les sûretés désirables.

1.º *La failite ne remontera pas.* — D'où suit que le créancier peut perdre, s'il ne provoque une prompte déclaration, tout ou partie de l'actif du débiteur auquel il a un droit proportionnel.

2.º *Le réglement de la faillite sera prompt.* — Le fait de cessation de paiemens ne pouvant être reporté à une date antérieure à celle de la déclaration, le cercle de l'insolvabilité se trouve resserré, les longueurs sont évitées par suite. D'un autre côté, tout ce qui tient à la faillite formera en justice cause *urgente* ; les délais de la vérification seront abrégés ; le mécanisme de la vente des immeubles simplifié; enfin, l'apurement et la gestion des intérêts de la faillite seront rémis *à une seule espèce* d'administrateurs.

3.º *Cette administration unique présentera les sûretés désirables ;* — car, étrangère au débat, prise en dehors des intérêts qui s'agitent, elle sera *désintéressée*, et susceptible dès-lors de procéder avec *impartialité*; de plus, on peut exiger de ces administrateurs des garanties morales et pécuniaires : c'est même ce qu'il convient de déclarer. Enfin, dans la solution qui doit intervenir, la cupidité ne pourra faire la loi au malheur, et le droit de tous sera garanti en définitive autrement que par le Concordat ou l'Union. — Cette gestion sera, au surplus, placée sous la surveillance d'un magistrat spécial, garant naturel de l'ordre et de la loi.

Voilà comment débiteur et créanciers peuvent être *intéressés* à la prompte et publique déclaration de l'état d'insolvabilité commerciale; voilà comment l'arrangement clandestin peut être frappé d'inconsistance et de mort.

Cela fait, et pour prévenir les escroqueries, les faillites frauduleuses ou nées de l'inconduite ; les faits honteux, répréhensibles seront invinciblement *constatés*; 2.º ils seront punis avec une juste sévérité.

La constatation du caractère de la faillite peut avoir lieu au moyen *des livres :* tout négociant étant *comptable* envers le crédit public de l'usage qu'il a fait des ressources d'autrui, le jour où il constitue autrui en perte. — Les livres formeront, d'autre part, un témoignage *sincère* : à cet effet, ils seront, dans certains cas, assujettis au *visa* et au *paraphe* du juge. Le vœu de la loi peut être assuré en ce point :

1.º Par la défense, à peine de *nullité* du jugement, d'accorder foi en justice aux livres non visés produits par une partie à l'appui de ses prétentions ; d'où suit que leur concours est sans *utilité* dans plus d'un cas important ;

2.º Par la menace d'une peine atteignant *inévitablement* tout commerçant failli qui ne représentera pas les livres *visés* dont il est tenu.

Le *visa* est du reste apposé avec des précautions capables de prévenir l'existence de livres mensongers ou *doubles registres*.

L'inconduite et la fraude *constatées* facilement, au surplus, par l'établissement d'un surveillant spécial qui suit tous les incidens de la faillite, qui assiste à toutes ses phases, sont *qualifiées* et *punies*, de manière à ce qu'on ne puisse spéculer *impunément* sur le malheur de l'insolvabilité commerciale. — Après avoir donné à l'infortune l'appui, la protection qui lui sont dues ; après avoir tout disposé, afin qu'elle ne puisse être confondue avec le vol, cette plaie honteuse des sociétés modernes, il convient, en effet, de poursuivre sans pitié et de punir l'immoralité qui s'attaque au crédit, à la fortune du commerce, c'est-à-dire à la prospérité des nations : c'est ce que j'ai tâché d'indiquer, travaillant à concilier, autant que possible, les droits de la morale et les intérêts de la justice, qui sont ceux de l'humanité.

Observations finales.

La Chambre élective, en adoptant l'art. 441, a consacré le droit de faire remonter *indéfiniment* la faillite. C'est le cas de répéter, avec l'un de ses membres, M. Teste, qui s'est montré dans tout ce débat véritablement logique et rationnel, qu'une législation fondée sur de tels principes semble ne pas être destinée à un long avenir. Il n'y avait que deux systèmes possibles : celui qui consiste à faire remonter la faillite ; et, dans cet ordre d'idées, tous les actes renfermés dans le cercle tracé doivent être déclarés nuls sans distinguer, sans s'enquérir si celui qui a traité avec le failli a été ou non de bonne foi, c'est-à-dire s'il a ignoré le véritable état des affaires du failli ; car c'est là une circonstance parfaitement indifférente : on a traité avec un *incapable*, on est dès-lors dans la faillite. Le deuxième système consiste à ne donner d'autre date à la faillite que celle de la déclaration, et à forcer ainsi les créanciers à veiller de près à leurs intérêts, en leur enlevant le bénéfice de faire remonter indéfiniment l'existence de l'insolvabilité : c'est le principe qui vient d'être consacré en Hollande par la nouvelle loi sur les faillites et les banqueroutes. Seulement les actes à titre gratuit sont déclarés nuls s'ils n'ont une date assez reculée pour qu'on ne puisse les regarder comme faits aux dépens de la masse. Ainsi, je concevrais que les donations de toutes sortes fussent radicalement nulles si elles sont antérieures de moins d'un an à la déclaration de faillite.

Pour ce qui est des actes à titre onéreux, je n'ignore pas que les déclarer valables jusqu'à la veille de la déclaration, c'est donner tout l'avantage aux créanciers présens, c'est mettre le coffre-fort du débiteur en état de siége. — Il y aurait moyen de prévenir cet abus scandaleux et de préserver la masse d'une telle spoliation. L'on pourrait déclarer, en premier lieu, que tous paiemens pour dettes non échues sont des actes à titre gratuit et qui sont compris dans le cercle de la faillite déclarée; 2.º que le failli qui dépouille la masse au profit de quelques-uns sera, si les paiemens ont un caractère de collusion et de faveur mis en prévention de banqueroute frauduleuse; le débiteur se trouve intéressé dès-lors au respect du droit de tous; 3.º tous paiemens faits dans les vingt jours, par exemple, qui précèdent la déclaration de faillite, tous priviléges et hypothèques conférés ou inscrits, seraient présumés effectués en fraude des créanciers et avec la connaissance exacte des affaires du failli. Ici la question de bonne foi a de l'importance; elle est à sa place, parce qu'on est complètement en-dehors du cercle de l'insolvabilité. Cette distinction n'a été nulle part indiquée; elle est cependant bien fondée en raison. Ce n'est point là faire remonter une faillite, car la condition des actes attaqués n'est pas invariablement la même; l'un sera déclaré valable, tandis que l'autre sera annulé comme ayant eu lieu de mauvaise foi. En agissant ainsi l'on fait une saine appréciation des choses; l'on prévient les effets de la spoliation, en même temps qu'on évite d'agrandir indéfiniment le cercle d'action de la faillite.

— L'on s'est élevé contre le droit que le projet de loi est venu confirmer de l'arrestation préventive du failli. — Sans doute, se déclarer insolvable, ce n'est pas commettre un délit, mais avec la confiance sans bornes que les commerçans sont forcés de s'accorder respectivement, manquer à ses obligations, c'est violer la loi du crédit public, c'est tromper la foi publique, et ces choses-là ne sont pas des faits d'ordre privé. Dans de tels cas, il est naturel de chercher à s'assurer si la fraude ou l'inconduite n'ont pas voulu abuser de leur position. C'est ainsi que le fait d'insolvabilité commerciale, par sa relation intime avec le fait du crédit public, nous apparaît comme un fait d'ordre général qu'il faut scruter; il établit une présomption de délit, et dans de tels cas l'auteur principal doit être placé sous la main de la justice, sauf à jouir le plus tôt possible d'une liberté provisoire. — En détenant le failli dans la maison d'arrêt pour dettes, le projet de loi atténue ce que cette mesure préventive a de fâcheux, et rien n'est plus convenable. Seulement il ne faudrait pas aller jusqu'à rendre ce préalable illusoire, en substituant à cette détention la garde d'un gendarme ou d'un officier ministériel.

— L'entrée en bourse ne devrait être interdite qu'au failli banqueroutier simple non réhabilité et au banqueroutier frauduleux.

— Il conviendrait d'accorder, à titre de secours, un tant pour cent au failli reconnu excusable. Le chiffre en serait fixé par le tribunal de commerce, le magistrat de la faillite entendu. Ceci rentre, du reste, dans les dispositions du Code de commerce et de la loi proposée.

NOTES.

(*a*) Voici en quels termes s'exprimaient sur le commerce les États-généraux, convoqués dès les premiers jours du règne de Charles VIII :

« Touchant le fait de marchandise qui est *cause* et *moyen* de faire venir richesse et abondance de tous biens en tous royaulmes, pays et seigneuries, et *sans laquelle la chose publique ne se peut bonnement* (bien) *entretenir*, semble aux gens desdits estats que *le cours* (le transport, l'entrée, etc.) doit être entretenu *franchement* et *libéralement* par tout ce royaulme, *et qu'il soit loisible à tous marchands de pouvoir marchander*, tant hors le royaulme et pays non contraires au roy, que dedans par mer et par terre....

» Et pour ce que depuis le trespas du roy Charles VII, marchands ont esté fort *travaillez de grands acquits* qui ont esté mis sur marchandises passant par eau et par terre : tellement que iceulx marchands à grand peine ont pu recouvrer les deniers que leur coustaient lesdites marchandises, semble auxdits estats que tous *acquits*, *travers* (droits de traversée, de passage) et péaiges mis sus puis le trespas du roy Charles VII soient *abattus* et *annulez*. ... »

(Extrait du Cahier présenté au roy par les trois estats touchant le bien, utilité et proufit du royaulme et de la chose publique. 1483).

(*b*) J'ai vainement cherché l'ordonnance de François I.er (1549), que M. Merlin indique comme ayant institué originairement les juges et consuls. Outre qu'on ne retrouve cette ordonnance nulle part, je dois faire remarquer qu'un tel acte, s'il remonte à 1549, ne saurait appartenir au règne de François I.er, lequel a pris fin, comme on sait, en 1547. (14 février 1836).

N. B. Plusieurs de ces lettres avaient déjà paru dans le *Mémorial*, lorsque, dans une série d'articles sur *la juridiction consulaire,* un journal de notre ville a indiqué, comme véritable origine de cette juridiction, l'ordonnance de 1549, à laquelle se réfère M. Merlin, et dont l'existence est positivement révoquée en doute par MM. Isambert, de Crusy et Taillandier, auteurs du *Recueil général* des anciennes lois françaises. Cette ordonnance est relative à la ville de Toulouse ; elle est du règne, non de François I.er ainsi que l'affirme Merlin, mais elle appartient à celui de Henri II. L'on ne s'explique pas qu'il n'en soit pas fait mention dans l'édit de 1563 rendu sous Charles IX. C'est ce dernier édit que le législateur du règne de Louis XIV prend pour point de départ de la *juridiction consulaire ;* celui de 1549, qui précède de peu d'années, n'étant qu'un fait local et privé de retentissement. Telle est la remarque faite par Mayer dans son ouvrage sur l'esprit, l'origine et le progrès des *institutions judiciaires* des peuples de l'Europe. Cet auteur place, sous la date de 1549, les premières juridictions consulaires, et il indique l'édit de 1563 comme étant celui qui *généralise* l'institution.

(c) « Louis, etc., les louables intentions que nos chers et bien amés les prévôt des marchands et échevins de notre bonne ville de Lyon, juges, gardiens et conservateurs des priviléges des foires d'icelles, ont eues de procurer à leurs concitoyens et à tous étrangers qui négocient, sous le privilége de leurs foires, la *distribution gratuite* d'une justice prompte et sommaire, les ayant ci-devant portés à acquérir de leurs deniers les offices qui composaient la jurisdiction de ladite conservation; nous, pour ne pas laisser sans succès un dessein si avantageux au public, avons, par notre édit du mois de mai 1655, *uni et incorporé ladite jurisdiction au corps consulaire* de ladite ville pour être à l'avenir exercée par lesdits prévôt des marchands et échevins à perpétuité. Mais l'exécution de notre édit a été troublée par les *diverses* et *fréquentes contestations* survenues entre les officiers de la sénéchaussée et présidial de ladite ville, et lesdits prévôt des marchands et échevins, lesquelles *ont donné lieu à des conflits*... Nous avons estimé digne de nous de prendre connaissance des différends et contestations mûes sur ce sujet entre nosdits officiers de la sénéchaussée et siége présidial d'une part, et lesdits *juges conservateurs* d'autre, et ayant été pleinement informé que la jurisdiction de la conservation desdits priviléges est une des plus anciennes et plus considérables de notre royaume sur le fait des foires et du commerce; *qu'elle a servi d'exemple pour la création des jurisdictions consulaires de notre bonne ville de Paris et des autres de notre dit royaume ;* que les rois nos prédécesseurs ont prudemment établi et augmenté de temps en temps en faveur dudit commerce le pouvoir desdites jurisdictions par plusieurs édits, et que rien n'était plus avantageux à nos sujets *que d'abréger la longueur des procès naissant journellement.....* A ces causes, nous avons ordonné et ordonnons que, conformément à l'arrêt de notre conseil du 23.me jour de Décembre 1668, les édits et déclarations donnés pour l'établissement et augmentation de la jurisdiction *desdits juges conservateurs* des foires de Lyon et l'union d'icelles au corps consulaires soient exécutés, etc. ». (Édit de 1669).

Ainsi que je viens de le faire remarquer, cet édit contre-signé *Le Tellier,* loin de se référer à celui de Henri II, comme à l'origine connue de la jurisdiction consulaire, fait remonter à l'ordonnance de Charles IX — 1563 — l'établissement de la jurisdiction commerciale sous forme de justice consulaire. Mais la question ne doit pas être rétrécie à ces termes, et c'est la véritable origine de cette institution qu'il convenait d'indiquer. Or, l'édit de 1669 que je viens de transcrire en partie indique les *Conservateurs* des foires de Lyon comme formant le point de départ incontestable de la jurisdiction consulaire. Cette ordonnance constate que les Conservateurs ont servi d'*exemple pour la création des juges et consuls de tout le royaume,* cette conservation étant *une des plus anciennes.* Et le législateur était parfaitement fondé à s'en expliquer ainsi. Ce qui distingue, en effet, la jurisdiction commerciale, ce qui constitue ce fait, ce n'est pas *la forme* qu'il affecte. Peu importe, par exemple, que le juge soit nommé par le commerce d'une cité au lieu d'être désigné par le pouvoir exécutif; ce sont là des formes extérieures qui ne changent rien à l'essence des choses. Ce qui caracté-

rise *essentiellement* la juridiction commerciale, c'est qu'elle est un fait de justice distributive placé complétement en dehors de la sphère d'action dans laquelle se meut la justice ordinaire. Ainsi, il existait des *juges royaux* qui, en
matière civile, statuaient sur la majeure partie des faits d'intérêt privé. Eh
bien! cette action de la justice ordinaire ne s'étendait pas aux faits de marchandise et de commerce d'une manière absolue. A côté de cette juridiction, parallèlement aux juges royaux, il y avait des prévôts des marchands, des échevins
ayant des attributions mixtes; il existait surtout des *Conservateurs des foires
du royaume,* véritables juges spéciaux auxquels le plus grand nombre des contestations *commerciales* ressortissait. Cette institution constituait donc un fait
de justice distributive pour cause de commerce, une juridiction commerciale.
C'est ce fait à part, tout spécial, ayant son *objet* distinct de celui de la justice
ordinaire, qui a naturellement servi d'*exemple* à l'établissement des consuls; c'est
ce fait de justice commerciale qui le *contenait en germe,* pour me servir d'une
expression fort juste employée par l'opinion contraire. — Le point de départ
véritable de la juridiction consulaire est donc, ainsi que je l'avais insinué, l'institution des *Conservateurs,* établissement qui est de beaucoup antérieur aux
édits de Charles IX et de Henri II.

(*d*) Edit *pour la réforme de la justice et l'abréviation des procez*; Edit pour
l'abréviation des procez et la forme de procéder, tels sont les divers intitulés
des anciennes ordonnances. — « Charles IX, etc, savoir faisons que.... pour le
bien public *et abréviation des procez* entre marchands qui doivent négocier ensemble de bonne foi, sans estre adstraints aux *subtilités des lois,* etc. » Tel est
le début de l'ordonnance de 1563, qui institue les juges et consuls.

(*e*) Voir le préambule de l'ordonnance de 1673. « Comme le commerce *est
la source de l'abondance publique et de la richesse des particuliers,* nous avons,
depuis plusieurs années, appliqué nos soins pour le rendre *florissant* dans notre royaume... »

(*f*) Un placard de Charles-Quint, à la date de 1540, déclare *larrons publics*
et punit de la corde tous marchands débiteurs qui *s'absenteront* sans payer
leurs dettes, et *transporteront, celero nt* leurs biens pour les soustraire à leurs
créanciers. Ce statut dispose en termes sévères et explicites; en voici un extrait :

« Tous marchands débiteurs qui s'absenteront du lieu de leur résidence sans
payer ou contenter leurs créditeurs, et clandestinement transporteront ou *cèle-
ront* leurs biens pour iceux défrauder, seront tenus et réputés *pour larrons publics.* — Les juges par-devant lesquels ils seront accusés, s'il leur appert de
ladite fuite un frauduleux transport ou relèvement de leurs biens, les condam-
neront au dernier supplice *par la corde,* sans port, faveur ou dissimulation, à
peine que si nosdits officiers ou juges fussent trouvés négligens ou refusans, ils
seront *tenus, obligés* et *poursuivables sur l'entière* dette desdits banqueroutiers et fugitifs; *semblablement* tous ceux qui assisteront à leur escient lesdits
banqueroutiers ou fugitifs *à eux sauver et transporter leurs biens.....* Ensemble ceux qui *se mêleront et conduiront les affaires* desdits banqueroutiers et
fugitifs, en leur absence ou autrement, ou qui recevront d'eux transports,
contrats ou cessions *simulés,* ou pour plus grande somme que leur vrai dû

ne porte, seront tenus et obligés à payer et satisfaire *entièrement* toutes les dettes desdits banqueroutiers et fugitifs.... ».

Les dispositions de ce placard, ajoute l'annotateur, ont été renouvelées avec toutes les autres lois concernant les banqueroutes, par un arrêt de réglement du Parlement de Flandres de 1700.

www.ingramcontent.com/pod-product-compliance
Lightning Source LLC
Chambersburg PA
CBHW071210200326
41519CB00018B/5462